Releyendo a Marx y Heidegger

y otros ensayos

DIEGO FUSARO

Prólogo de Carlos X. Blanco

Colección Synergias

Título: *Releyendo a Marx y Heidegger, y otros ensayos…*
Autor: Diego Fusaro
Maquetación: Manuel Quesada
Diseño: SNS Designs
Prólogo: Carlos X. Blanco

1ª Edición, Editorial Eas, abril de 2024

www.editorialeas.com
info@editorialeas.com

Apartado de Correos 26
Guardamar del Segura
03140 (Alicante)

I.S.B.N.: 978-84-19359-45-2
Depósito Legal: A 135- 2024

Portada: Estatua con un martillo; de la residencia familiar de Vicente López y Planes, diseñado por el ingeniero Gustave Eiffel, Buenos Aires (Argentina).
© 123RF - Id.: 56422851

Impreso en Europa por los talleres gráficos Versus

ÍNDICE

«Acabamos dependiendo de las criaturas hechas por nosotros».

(J.W. Goethe, *Fausto*)

PRÓLOGO

EL PAÍS DEL SOCIALISMO Y DEL HOMBRE LIBRE

por

Carlos X. Blanco

En este libro de Diego Fusaro se cruzan dos hebras. Cada una surge y se hilvana por medio de una *nación*, es decir, una procedencia. La palabra *nación* viene de nacer, y todo pensamiento, al igual que toda persona, procede de un vientre y de una madre. La primera fuente ventral es *Alemania*. De la lengua, la nación y la filosofía alemanas proceden Marx y Heidegger.

Hay otro manantial, vientre de pensamientos, que es *Italia*. Con sumo gusto podemos leer en español este par de hebras tan entrecruzadas, surgidas de dos naciones europeas, basilares, ambas muy recias en materia filosófica. La densidad germana y la ágil lucidez latina maridan bien.

Vayamos con *los alemanes*.

Karl Heinrich Marx (1818-1883), súbdito prusiano de raíces judías hubo de exiliarse en Francia, Bélgica e Inglaterra, país este último donde pasó sus últimos años, empapado de la nueva ciencia natural y económica. Louis Althusser (1918-1990), y otros muchos marxistas, sostuvieron la tesis (muy impugnada por Costanzo Preve y Diego Fusaro), según la cual Marx comenzó su carrera intelectual como filósofo, un hegeliano para más señas, pero pronto, alcanzada la madurez, se convirtió en *científico*. Un científico que descubre un saber positivo, al modo de un "Darwin de las ciencias sociales", en suma, un "descubridor del Continente Historia". La tesis de Althusser encaja bien con el propio positivismo del siglo XIX. La segunda mitad del siglo mencionado es la edad dorada de las ciencias naturales y experimentales: la Química, la Fisiología, la Termodinámica, la Teoría de la Evolución…La contribución del amigo y colaborador de Marx, Friedrich Engels (1820-1895), no fue pequeña a la hora de propalar una visión cientifista y positivista de Marx. Es célebre el discurso de Engels ante la tumba de su amigo:

"Así como Darwin descubrió la ley del desarrollo de la naturaleza orgánica, Marx descubrió la ley del desarrollo de la historia humana: el hecho, tan sencillo, pero oculto bajo la maleza ideológica, de que el hombre necesita, en primer lugar, comer, beber, tener un techo y vestirse antes de poder hacer política, ciencia, arte, religión, etc.; que, por tanto, la producción de los medios de vida inmediatos, materiales, y por consiguiente, la correspondiente fase económica de desarrollo de un pueblo o una época es la base a partir de la cual se han desarrollado las instituciones políticas, las concepciones jurídicas, las ideas artísticas e incluso las ideas religiosas de los hombres y con arreglo a la cual deben, por tanto, explicarse, y no al revés, como hasta entonces se había venido haciendo. Pero no es esto sólo. Marx descubrió también la ley específica que mueve el actual modo de producción capitalista y la sociedad burguesa creada por él. El descubrimiento de la plusvalía iluminó de pronto estos problemas, mientras que todas las investigaciones anteriores, tanto las de los economistas burgueses como las de los críticos socialistas, habían vagado en las tinieblas".

El 17 de marzo de 1883, Engels pronunció estas palabras en el cementerio londinense de Highgate. El autor de este discurso era él mismo un aficionado a la ciencia, amante de divulgar los progresos de los saberes experimentales o positivos y de adaptarlos, mal que bien, a la "ciencia del proletariado". Engels era un evolucionista convencido, y creía de veras que la antropología anglosajona de por entonces (Morgan, Tylor) era un saber *convergente* con el marxismo. Sin embargo, el relato según el cual Darwin descubre la *ley* de evolución biológica en paralelo con el relato de Marx, visto como descubridor de la evolución de las sociedades históricas y del "secreto" de la *plusvalía* que se esconde bajo la sociedad capitalista, falla en numerosos puntos. Preve, y en nuestros días, Fusaro, han demostrado que el Marx más auténtico y revolucionario es el Marx *filósofo*, el Marx *hegeliano*. También el Marx aristotélico, defensor de la humanidad comunitaria ante los embates del egoísmo depredador.

Marx fue siempre un filósofo hegeliano, y en los textos más maduros y "científicos" –véase *Das Kapital*– anida siempre la sombra, el poso y la médula de Hegel y con él toda su dialéctica. Todo el despliegue de conceptos de *Das Kapital*, comenzando por su "célula", la mercancía, es un despliegue dialéctico-hegeliano. No es correcto pensar, como hacen tantos divulgadores, que Marx arrancó la dialéctica hegeliana de la ganga idealista y la incrustó en un saber científico-positivo realmente valioso e innovador. Marx no es un "científico" que se aprovechó de la dialéctica hegeliana (en la que se habría formado de joven y de la que no habría sabido prescindir del todo). Todo esto es erróneo, y ha de decirse bien alto en contra de Althusser y de los marxistas positivistas.

La lección de Preve y de Fusaro es radical e inequívoca: aunque hay trazas de ciencia en la obra de Marx, elementos de verdadera ciencia social positiva, lo sustancial de la misma es *Filosofía* al cien por cien. Marx sería "el último idealista alemán", un discípulo directo y consecuente de Fichte y de Hegel. Fíjense en el primero: Johann Gottlieb Fichte (1762-1814) merece, con justo título, ser llamado *el Filósofo de la Praxis*. De él procede toda una corriente de pensamiento que señala el principio: "*Al comienzo era la acción*".

La acción no es un mero *moverse*, un simple discurrir. Acción en el hombre es acción *libre*. Aquel noúmeno kantiano que había de dejarse intacto, como una x, una incógnita imposible de despejar en la ecuación de la realidad, y que el propio Kant identificó con la libertad, la cual es el núcleo de la Ética, en Fichte, por el contrario, va a cobrar otro significado completamente distinto. La libertad no será meramente una x, un residuo metafísico inasequible al conocimiento científico-natural y empírico. La libertad va a ser el núcleo no ya solo de la Ética, el agujero negro de ese Reino de la Libertad que para los kantianos será también la clase lógica complementaria del Reino de la Necesidad físico-matemática. Va a ser mucho más. La libertad va a ser con Fichte y con la Filosofía de la Praxis (Marx, Gramsci) el núcleo de la Metafísica toda. Con Fichte, el idealismo *parcializado* de los kantianos (dos *reinos*, física y ética, dos *planos*, físico y metafísico) se supera, y con él se llega al verdadero y supremo idealismo: el del Yo definido no por el *cogito* (*Yo pienso* cartesiano), ni tampoco el comprendido por la maquinaria de aprioris (Kant), ni siquiera por una cuasi-causalidad nouménica: la libertad con Fichte va a explicarse ya como *inicio misterioso* de acciones físicas pero no causadas por algo empíricamente cognoscible o detectable.

El Yo fichteano es acción, es praxis, es libertad creadora de realidades. No es un Yo meramente contemplativo, especulativo, cognoscente…estos yos parciales son, en realidad, "momentos" del verdadero *despliegue* que supone la acción. Cuando yo contemplo una realidad (primer momento del Yo, el Yo *puesto*, una actividad meramente especular), esa pared de enfrente –por seguir el célebre ejemplo– ya me estoy topando con una negación: la pared es el no-Yo, uno de los frentes en los que la Naturaleza me niega a mí, vale decir, niega mi libertad. La pared no me permite ver más allá de ella, ni se presta a que yo la pueda atravesar. El Yo absoluto, como prefiguración de la verdadera síntesis hegeliana, es la superación del Yo y del no-Yo, de la tesis y la antítesis. El Yo absoluto representa la libertad, pero no ya libertad intrínseca y prendada del Yo, ese don que por ser un Yo y no una cosa, ya tenemos en el bolsillo: el Yo *absoluto* es la verdadera libertad que no sólo poseemos sin haberla puesto nunca a prueba, gratuita, sino que es más bien la libertad *conquistada*, la libertad que ha logrado romper las cadenas de la necesidad (física, cósica, económica, etc.). En el filósofo de Rammenau se anuncia ya la grandiosa construcción hegeliana: el Espíritu es, todo él, libertad en estado puro, pero esta libertad no es real, efectiva y merecedora de su entera dignidad y consideración si antes no ha vencido obstáculos, si antes no se ha puesto a prueba con todo aquello que se le enfrenta y que se le niega.

Dominique Venner dijo aquello de "*existir es combatir aquello que me niega*", y nada mejor que esta frase para ilustrar el sentido agonístico ínsito en la Filosofía de la Praxis inaugurada por Fichte. El siglo XIX irá corriendo, y Hegel acertará a ver que la libertad no se abre paso si no es con guillotinas, bayonetas, barricadas y cañonazos. La vida humana y su historia no se pueden comprender si no es como recorrido y proceso. Lejos de ser un avance progresivo, por acumulación de mutaciones beneficiosas, la vida es como las guerras: hay avances y retrocesos, hay derrotas parciales y victorias engañosas, hasta que algún día se vislumbra un cumplimiento. El progreso dialéctico no es lineal, y contiene siempre el esfuerzo y la superación. Se trata de un escenario radicalmente inmanente: el propio Dios no es sino la Humanidad misma, el Espíritu (*Geist*) que no lo tiene todo hecho y dado, como le pasaría al Dios trascendente tradicional, sino que vive encarnado y sufre la pasión. La vida de la

Humanidad es una *Pascua*, en el sentido más teológico y etimológico del término: un paso. Un pasar de unas fases a otras. La Humanidad misma consiste en su hacer y su despliegue, como la vida de Cristo mismo fue una sucesión de acciones y de hechos, y no una simple y eterna quietud. En esas acciones y hechos, el *Dios hecho humanidad*, la humanidad *crística* debe sufrir incomprensiones, violencias, la propia Cruz representa bien una historia dialéctica. El idealismo alemán es, todo él, una teología secularizada e inmanente.

Seguimos con los alemanes, esta vez en el siglo XX. Llegamos al siglo de Heidegger

Fusaro nos lleva de la mano magistralmente por el nutrido grupo de pensadores alemanes, pues desde las raíces fichteanas (y no sólo hegelianas) de Marx, ideas *radicales* tan desconocidas, directamente nos pone en presencia de la figura imponente de Martin Heidegger (1889-1986). Desde 1945, el célebre filósofo de Messkirch ha sido despachado, con demasiada ligereza, como un autor nazi, indigno de ser tomado en cuenta, abstruso, ininteligible para los materialistas, incompatible con Marx y con toda tradición emancipatoria, producto deleznable de las cabezas germánicas. Muy señaladamente en el mundo anglosajón y liberal, se piensa que de Fichte a Heidegger se sigue, al parecer, el camino tortuoso del totalitarismo, las "sociedades cerradas". Fichte, que tanto escribió sobre la libertad, que hizo de la idea de la libertad no ya un residuo inasequible a la ciencia natural (Kant) sino *el núcleo mismo de la metafísica*, también fue el padre del famoso despertar de la Nación Alemana, como bien se lee en sus famosos *Reden*.

En el siglo XIX, arrasados por el imperialismo napoleónico, divididos en anticuados principados, algunos de ellos "de juguete", los alemanes compusieron su liberalismo en clave nacionalista. No era tanto el liberalismo de los mercados sacrosantos y del individuo atomista, egoísta y cerrado sobre sí mismo, como el inglés, sino el del hombre libre que se deshace de restos feudales y anacrónicos y que se siente miembro de una muy amplia comunidad. La *Gemeinschaft* alemana, presagiada y anhelada por Fichte, no debe cargar con las culpas de una versión degenerada suya, muy posterior: el nacionalsocialismo. No todo nacionalismo conduce al totalitarismo, y la perspectiva de la *totalidad* (inherente al saber filosófico) no es totalitarismo.

Pues bien, Martin Heidegger puede y debe ser leído en clave fichteana, y también en clave marxista, por más que al *pensamiento único* de corte liberal o progresista le suene chirriante semejante afirmación. Y es que la verdad ofende y chirría en las cabezas de quienes se encuentran sumidos en el más profundo estupor de la ideología progresista *made in USA*: la ideología antifilosófica del progreso liberal, consumista, mercantilista ha desterrado a Heidegger al infierno donde penarán los otros nazis. Pero en el filósofo alemán hay más que un sambenito. Hay una filosofía de la praxis poderosa muy cercana a la de Marx., aunque siguiendo otros vericuetos.

Heidegger considera la existencia humana bajo el punto de vista del "hacer". El mundo que no es entorno (*Umwelt*) se configura ante nosotros no tanto como una colección de "cosas" inertes, de estímulos que impactan sobre la superficie de nuestro cuerpo, o de entidades estables que la filosofía perezosa llama objetos. El *mundo*, en perspectiva heideggeriana, consiste por el contrario en una serie de *disponibilidades*, de *funcionalidades*. La mesa donde escribo este Prefacio no es tanto un mueble, un entramado de madera, como algo que es –como dicen los niños– una cosa "para escribir" (el "para" implica funcionalidad "hacedera") y cuanto conoce primaria y originalmente el hombre es precisamente aquello que se encuentra "a mano para x". La x no es sustancia, cosa y objeto, sino todo aquello que yo puedo hacer con ella, lo funcional y práctico. El filósofo de Messkirch, según la lectura fusariana, prosigue en *Sein un Zeit* en la estela de la Filosofía de la Praxis. La realidad es acción, y cualquier ser resulta, bien mirado, como el mismo conjunto de las posibilidades de acción que su presencia despierta en los sujetos.

Faltaba el eslabón de Marx para unir Fichte y Heidegger en la tradición de una Filosofía de la Praxis. Y Fusaro nos lo explica muy bien en este libro que aquí prologamos. Marx fue leído y muy tenido en cuenta por el de Messkirch. Precisamente el Marx menos positivista, aquel que durante el siglo XX se consideró "el Darwin de las ciencias humanas" no fue el que interesó a Martin Heidegger, sino más bien el crítico y profundo desvelador de la Técnica, el Marx que persigue las raíces más profundas de la alienación y la despersonalización. Se trataba del Marx enemigo irreconciliable del "*Man*", que el de Messkirch conoció muy bien a través de Lukács (1885-1971).

Es el clásico libro *Geschichte und Klassenbewußtsein: Studien über marxistische Dialektik,* conocido en España como *Historia y Conciencia de Clase,* el lugar en donde se reconecta la filosofía de la praxis germana con la tradición marxista y con la dialéctica de la alienación. Como se sabe, "*Man*" es la palabra alemana empleada gramaticalmente para la *despersonalización.* Equivale a las expresiones españolas que no quieren indicar un sujeto concreto (yo, tú, él...) y se traduce comúnmente diciendo "se...". En el ámbito de la moda, la ideología y la opinión pública, el sentido común y el consenso generalizado, es frecuente el uso de expresiones de este jaez: "se dice…", "se lleva…", "se hace…". Los demás, la masa, forman un único sujeto monolítico y la vida humana individual se despoja de toda autenticidad al no desear cada uno otra cosa que fusionarse con ese bloque o masa de humanidad indiferenciada. La sociedad consumista es también una sociedad tecnológica, y la vida humana se aliena no sólo en el proceso laboral (que es el aspecto más estudiado y más urgente para Marx) sino en todos y cada uno de nuestros actos de existencia, en los cuales nos volvemos máquinas o bestias automatizadas, fundidas de pleno en un dispositivo (*Gestell*) o encuadre de cosas. La alienación que nos trae el modo de producción capitalista no consiste únicamente en convertirnos en apéndices y sirvientes de las máquinas, en volvernos a nosotros mismos máquinas o bestias amaestradas al servicio de máquinas. La alienación de la Técnica consiste más bien en que el mundo entero –bajo un régimen capitalista de producción– es un dispositivo mecánico en cuyo seno las individualidades humanas deben despojarse de su condición antropológica y servir como engranajes de la producción-reproducción de la plusvalía.

Heidegger no es, evidentemente, un marxista. Pero es un filósofo sumamente crítico con el capitalismo, hostil a un modo entendido, al igual que lo entendió el de Tréveris, como subespecie de las civilizaciones embrutecedoras por su inherente cosificación de la existencia, por su ontología desrealizadora. El capitalismo hace del mundo un mundo embrujado, falso. La ontología del capitalismo es la ontología mágica empeñada en desvanecer lo real, incluyendo aquí de manera significativa a la realidad humana. El hombre ya no cuida de "lo que hay", ni puede contemplarlo ni jugar con ello artesanalmente. El hombre ha caído víctima de las propias fuerzas diabólicas que él mismo despertó, en una historia fáustica que viene de muy atrás. Es cierto que el capitalismo *stricto sensu* nace a fines de la Edad Media, es "moderno", pero ya en la antigua Grecia la mirada contemplativa de los presocráticos fue dando paso a una visión cosificadora y manipulativa, que acabaría en la alienación de hoy.

El régimen capitalista no es un mero modo de producción que abusa de los "débiles", que explota a la clase trabajadora, que crea pobreza. Es esto, pero mucho más que esto. Las lecturas meramente morales y el género literario de la "protesta" contra el sistema sirven de muy poco, o de nada. Es *la filosofía pura* la que puede desentrañar el secreto de la Producción bajo el capitalismo. Los moralistas no son filósofos. Todas las lágrimas del mundo, desde sus inicios hasta la Eternidad, no servirán para lavar la suciedad que ha ocasionado este régimen de Producción, haciendo del mundo una *irrealidad*, destruyéndolo no en su fisicidad (ámbito moral preferido por el ecologismo) sino destruyéndolo en su misma condición bruta de “realidad”. No es ya que el hombre no pueda ejercer sus derechos fundamentales como ser racional y digno, sino que *el hombre ya no es hombre y el mundo ya no es mundo*. El capitalismo, y con él sus ideologías (liberales, neoliberales) es un auténtico *virus ontológico*. Dentro de esa paradójica creación de irrealidad, en el seno mismo de la dictadura nihilista en la que acaba convirtiéndose el mundo capitalista, se halla el agente patógeno: a través de la conversión de las cosas en *mercancía*, y con ello, a través también de la posibilidad universal de que todo pueda ser cambiado e intercambiado, haciendo del dinero el intercambiador universal y erigiéndose en absoluto. Cuando esto ocurre, entonces no hay ley más absoluta que la creación, succión, y acumulación de plusvalía. La creación de plusvalía devenida absoluta es la destrucción del valor de todas las demás cosas, incluida la cosa humana. El nihilismo, la inautenticidad, la *entronización de una nada* que no es simplemente negación del ser, sino devoradora y destructora del ser, es lo que mejor define nuestro tiempo, nuestra sociedad y nuestro sistema, que además se presenta como fatal e inatacable.

Y ahora, unas palabras para los *italianos*.

Este último aserto me conduce directamente a Antonio Gramsci (1891-1937). Gramsci es el gran discípulo de Fichte y Marx: se trata, por antonomasia, del filósofo de la praxis. La vida de un revolucionario es una existencia volcada a la acción. Su cerebro y sus ideas van siempre dotadas de *impulso* para transformar las cosas, *fuerza* para no aceptar el monolito de "sentido común" y de hábitos reaccionarios que consagran una realidad dada de una vez para siempre, incuestionada e incuestionable. Gramsci entiende la praxis como transformación consciente de la realidad, única vía para la emancipación del ser humano. Lejos de aceptar que el hombre es la carne y los órganos genitales del capital, por cuyos medios este se entroniza, señorea y esclaviza hasta la nihilidad a todos los seres y a la especie humana, Gramsci devuelve al marxismo a su más genuina médula inconformista, rebelde y voluntarista. No hay una "ley" económica que le determine, a un cierto comité de sabios socialistas, cuándo habrán de estar maduras las condiciones para iniciarse la revolución. La autenticidad de la vida humana se recobra con la praxis del revolucionario. Éste trabaja sin descanso por el advenimiento de una sociedad socialista: aun en las condiciones más adversas, el militante gramsciano (un verdadero leninista) lucha en los planos táctico y estratégico. Sabe siempre moverse en los distintos tipos de guerra: hay guerra de trincheras, movimientos lentos en una dialéctica de posiciones, pero también hay acciones relámpago y tomas enérgicas de nuevos puestos de avanzada. Y un dato fundamental: la guerra contra el capital no es una mera lucha de barricadas y bayonetas, de cañones y cócteles molotov. Se trata de una *guerra ideológica* en la cual la hegemonía de la clase burguesa debía ser reemplazada por una *contra-hegemonía*, la propia de la clase proletaria.

Los estudios fusarianos sobre Gramsci, como el que se contiene en este volumen, actualizan de manera refrescante la visión que se ha de tener hoy, en el siglo XXI, acerca del pensamiento italiano en general, y acerca del filósofo de los *Quaderni (Cuadernos de la cárcel).* Se trata de un inmenso trabajo: *desfatalizar* la existencia. Debemos acuñar este neologismo, desfatalizar, pues creo que no hay término más adecuado. Al capital le interesa presentar su dictadura como natural, escrita en el Cielo con letras de bronce. Aquello que no es más que dispositivo histórico que un día surgió para que el hombre explotara al hombre, ha devenido una enorme maquinaria en la cual la propia esencia de la humanidad y la especie misma aparecen devoradas, succionadas y evisceradas.

Gramsci, al igual que Costanzo Preve y Diego Fusaro, se inscribe en lo mejor del pensamiento italiano, en su más genuina hebra: el pensamiento de la vida (*pensiero vivente*). Las figuras de Giovanni Gentile (1875-1944) y Benedetto Croce (1866-1952) ocupan un lugar fundamental en dicho pensamiento *vivente*, ocupando, según Fusaro, una posición en Italia análoga a la que Hegel ocupa con respecto a Marx en el ámbito de la filosofía alemana. El "lado activo" del idealismo, es su acierto. El idealismo alemán –tanto como el italiano– fueron capaces de construir teorías de la realidad en la cual ésta no es un monolito, una losa fatal que aplasta al hombre, sino la humanidad misma viviente, desplegada, que con esfuerzo supera obstáculo y reconfigura el ser. Gramsci es hijo de ese pensamiento de la vida, de esa verdadera filosofía nacional italiana, tanto como Marx lo es, por parte alemana, de la filosofía de la praxis fichteana y del idealismo dialéctico de Hegel, productos ambos elevadísimos del pensamiento de los germanos.

Un libro este de Fusaro que hará las delicias del lector filósofo, de aquella *ave rara*, es decir, cada vez más difícil de encontrar pues es de una especie volandera que gusta de viajar libre, sin dejarse apresar por fatalismos, y surca mares de nubes hacia el país del socialismo y del hombre libre.

RELEYENDO A MARX Y HEIDEGGER, Y OTROS ENSAYOS...

POR UNA COMPARACIÓN ENTRE LOS CONCEPTOS DE *ENTFREMDUNG* Y *VERFALLEN*

«La vida que le ha dado al objeto
se le contrapone hostil y ajena»
(Karl Marx, *Manuscritos*
filosóficos económicos de 1844)

«El ser-ahí es empujado a un
extrañamiento en el que esconde
a sí mismo su más propio poder-ser»
(Martin Heidegger, *Ser y Tiempo*)

Más allá de las diferencias macroscópicas, el rasgo común entre la noción marxiana de *Entfremdung* en el centro de los *Manuscritos parisinos* de 1844 (el texto marxiano más citado por Heidegger) y el concepto heideggeriano de *Uneigentlichkeit* de *Ser y Tiempo* reside en el dispositivo en virtud del cual, dentro de los límites del mundo moderno se verifica el devenir extranjero del hombre –o, heideggerianamente, de *Dasein*– a sí mismo[1]. En lugar de realizarse en el mundo objetivo, y por lo tanto en lugar de conducir una existencia *eigentlich*, que permita la realización de sus potencialidades, el *Dasein* pierde su esencia o, marxianamente, su *Gattungswesen*, su «esencia de género»[2]. Se pierde allí donde debería realizar sus propias potencialidades, en el teatro de la temporalidad histórica y en el ritmo de sus propias objetivaciones.

Si bien en formas diferenciadas y tales que no pueden superponerse, so pena de caer en la enésima noche hermenéutica en la que todas las vacas se vuelven negras, la *Entfremdung* de los *Manuscritos* marxianos de 1844 y la *Uneigentlichkeit* de *Sein und Zeit* aluden, con igual intensidad expresiva, al proceso típico del cosmos dotado de morfología capitalista de convertirse el Yo en extranjero a sí mismo, en la forma de la pérdida del Yo como actividad y como posibilidad (como *praxis* en Marx, como

---

[1] Cf. F. R. Dallmayr, «*Heidegger and Marxism*», en *Praxis International*, 7 (1987-1988), pp. 207-224; N. De Oliveira, «*Heidegger, Reification and Formal Indication*», en *Comparative and Continental Philosophy*, 4.1 (2012), pp. 35-52.

[2] Sobre el problema antropológico de la alienación y de la naturaleza humana en el pensamiento marxiano, cfr. sobre todo N. Geras, *Marx and Human Nature. Refutation of a Legend*, Verso, Londres 1983; P.W. Archibald, *Marx and the Missing Link: «Human Nature»*, MacMillan, Londres 1989.

Entwurf en Heidegger[3]) y su envilecimiento que cosificante en cosa entre las cosas, a producto material determinado por las circunstancias, en el dominio indubitable de las leyes objetivas de la producción, marxianamente, y del anónimo e impersonal *Man*[*], heideggerianamente.

En lugar de actuar libremente, determinándose a sí y al mundo circundante, el ser-ahí se degrada a producto de las circunstancias y a portador pasivo de la visión del mundo dominante, visión alineada con las lógicas del presente. Esto es, al decir de Lukács, «la parte más vigorosa y sugerente de *Ser y Tiempo*»[4], la única capaz de descifrar críticamente la esencia de la cosificación. En este sentido, es difícil determinar si *Sein und Zeit* –«la cesura más profunda de la filosofía alemana desde los tiempos de Hegel»[5] como la ha etiquetado Habermas– ha asumido, en cierta medida, la enseñanza marxiana de la *Entfremdung*, quizás también por mediación de la *Geschichte und Klassenbewußtsein* de Lukács, aparecida ape-

---

[3] Cf. K. Axelos, *Marx e Heidegger*, cit., p. 52.

[*] Partícula impersonal en alemán que equivale en español a «se» («se dice», «se hace»), pero nadie en particular. El empleo de la mayúscula inicial implica su substantivación (nota del traductor).

[4] G. Lukács, *Die Zerstörung der Vernunft*, 1954; tr. it. de E. Arnaud, *La distruzione della ragione*, Mimesis, Milán 2011, 2 vol., II, p. 507.

[5] J. Habermas, «*Heidegger – Werk und Weltanschauung*», en V. Farías, *Heidegger und der Natonalsozialismus*, Fischer, Frankfurt a. M. 1989, p. 13.

nas cuatro años antes[6]. Entre otros, George Steiner ha reivindicado el pleno dominio por parte de Heidegger del debate marxista de los años veinte y en particular de los temas ligados al nombre de Lukács[7].

Por otra parte, no hay que olvidar que en 1932 se publicaron los *Manuscritos* marxianos de 1844 sobre la *entfremdete Arbeit*, cuya primera edición fue publicada por Siegfried Landshut, que fue alumno de Heidegger: es, así pues, totalmente legítimo suponer que después de la publicación de *Sein und Zeit*, «el pequeño mago de Meßkirch»[8], como Löwith cuenta que era apodado Heidegger, había tenido ocasión de conocer directamente el texto, encontrando allí expresamente formulada, si bien en una sintaxis diferente a la suya, la tesis sobre el

---

[6] Cf. A. Feenberg, *Lukács, Marx and the Sources of Critical Theory*, Oxford University Press, Nueva York 1986.

[7] «Durante los años veinte, Heidegger se mantiene plenamente al corriente [...] sobre el debate filosófico-ideológico que se desarrolla en Alemania y en la Europa central en el ámbito de los movimientos marxistas. En particular, conoce las primeras obras de Lukács. Comparte con el Lukács de *Die Seele und die Formen* un interés por Kierkegaard y los modelos psicológicos y literarios de consciencia humana que dieron inicio con la obra de Nietzsche. Con el Lukács de *Storia e coscienza di classe* [...] tiene en común el interés por la cualidad concreta e históricamente existencial de los actos humanos de percepción e intelección»: G. Steiner, *Heidegger*, cit., p. 88.

[8] K. Löwith, *Mein Leben in Deutschland vor und nach 1933*, 1986; tr. it. de E. Grillo, *La mia vita in Germania prima e dopo il 1933*, Il Saggiatore, Milán 1988, p. 69.

extravío histórico del ser-ahí[9] (así podría explicarse quizás el abierto elogio de la categoría marxiana de *Entfremdung* desarrollado por Heidegger en el *Humanismusbrief* de 1947).

Es evidente, por supuesto, que se trataba de temas que, leídos o no, circulaban ampliamente en la cultura de la época y que, por así decirlo, estaban en consonancia con el Espíritu de la época y con la *Marx-renaissance* iniciada por Lukács y por el contemporáneo *Marxismus und Philosophie* de Karl Korsch (quienes -al igual que el Heidegger de *Sein und Zeit*- no habían podido leer aún, como es bien sabido, los *Manuscritos económico-filosóficos* de 1844)[10].

Gajo Petrovic, entre otros, ha mostrado cómo *Sein und Zeit* metaboliza, aunque de forma innovadora, dos de los fundamentos del pensamiento marxista, la crítica de la alienación y la historicidad del ser[11]. Mientras que Henri Lefebvre ha sostenido que gracias a la partitura de *Sein und Zeit* se oye «con un sonido nuevo, no con una música

---

[9] K. Axelos, *Marx e Heidegger*, cit., p. 94.

[10] Cf. N. Tertullian, «*Le concept d'aliénation chez Heidegger et Lukács*», en *Archives de Philosophie. Recherches et documentation*, 56 (1993), pp. 431-443.

[11] G. Petrovic', «*Der Spruch des Heideggers*», en AA. VV., *Durchblicke. Martin Heidegger zum 80. Geburtstag*, Klostermann, Frankfurt a.M. 1970, pp. 412 ss.

nueva, lo que Marx dice sobre la reconciliación futura entre el hombre y la naturaleza»[12], recubriendo el concepto marxiano de alienación y el heideggeriano de deyección valencias y significados expresivos estructuralmente afines, aunque se expresen en marcos teóricos profundamente diferenciados. *Entfremdung* y *Uneigentlichkeit* atestiguan la misma experiencia histórica, la falsedad social coesencial a las lógicas de la moderna cosificación que reduce todo –comprendido al ser-ahí– al nivel de las cosas utilizables, presentes en forma rígida, incapaces de proyectar libremente su futuro.

Convencido de esta fértil proximidad, a pesar de la distancia sideral que separa la dialéctica marxista de la ontología heideggeriana, Lefebvre llega a sostener –especialmente en referencia a la obra de 1927– que «hay en Heidegger una teoría de la presencia, y más aún una teoría de la presencia "extraviada", perdida, alienada»[13], que exige ser puesta en relación con los temas de la vida y el trabajo alienados que están en el centro de la reflexión marxiana.

---

[12] H. Lefebvre, en *Arguments d'une recherche*, cit., p. 93. Cf. S. Elden, «*Between Marx and Heidegger: Politics, Philosophy and Lefebvre's "The Production of Space"*», en *Antipode* 36, 1 (2004), pp. 86-105.

[13] H. Lefebvre, en *Arguments d'une recherche*, cit., p. 93.

Por su parte, Lucien Goldmann ha intentado perfilar la proximidad de perspectivas en el tema de la alienación entre nuestros dos autores, siguiendo el camino de la confrontación entre Heidegger y Lukács. Sobre todo, en la serie de fragmentos publicados y recopilaciones póstumas bajo el título *Lukács y Heidegger*, Goldmann ha precisado que se puede encontrar «toda una serie de elementos comunes a primera vista poco visibles, pero que constituyen el fundamento común sobre el que se elaboran incuestionables antagonismos»[14] entre el heideggerianismo y el marxismo lukácsiano. En la medida en que tanto *Sein und Zeit* como *Geschichte und Klassenbewußtsein* pretenden esbozar un perfil existencial humano no alienado o, mejor dicho, desalienado (que vaya más allá de la *Entfremdung*), están entrecruzando, aunque sin conocerlo a través de la lectura directa, el gran tema de los marxianos *Ökonomisch-philosophische Manuskripte* de 1844.

No parece, pues, aceptable la tesis de George Steiner, según el cual la deyección de *Sein und Zeit*, remitiéndose directamente a la noción cristiana de *felix culpa*, «distingue netamente el pensamiento de Heidegger de los otros dos grandes modelos de la caída del hombre presentes

[14] L. Goldmann, *Lukács et Heidegger. Fragments posthumes établis et présentés par Youssef Ishaghpour*, 1973; tr. it. de E. Dorigotti Volpi, *Lukács e Heidegger. Frammenti postumi*, Bertani, Verona 1976, p. 55.

en la cultura occidental: el marxismo y el psicoanálisis»[15] con la consecuencia según la cual –prosigue Steiner– «la reforma y la revolución no eliminarán la inautenticidad»[16].

Es cierto que *Sein und Zeit* se presenta como un texto profundamente permeado por la reflexión cristiana, especialmente en su declinación paulina, pero esto no quita que el tema de la deyección, desarrollado en referencia a la sociedad homologada del *Man*, se refiera ante todo a temas y problemas que son centrales sobre todo en el horizonte teórico marxiano. Más asumible, en cambio, resulta otra consideración de Steiner sobre la incidencia de Marx en la génesis y desarrollo de algunos temas específicos de la investigación heideggeriana:

«Es difícil imaginar algunas de las páginas más significativas de Heidegger sobre la despersonalización del hombre urbano del siglo XX o sobre la tendencia explotadora y fundamentalmente imperialista de la ciencia y la tecnología occidentales, sin el precedente inmediato de *El Capital* o sin la acusación de Engels dirigida a la inhumanidad industrial»[17].

---

[15] G. Steiner, Heidegger, cit., pp. 114-115.
[16] Ibidem.
[17] *Ivi*, p. 170.

Lo cierto es que, como ha subrayado la crítica[18], no es fácil la tarea del intérprete que aspire a clarificar si *Sein und Zeit* y en las intenciones de Heidegger el concepto de *Verfallen* pretenda desarrollar coherentemente los temas marxianos y lukácsianos de la alienación y la cosificación, aunque lo haga insertándolos en un sistema de pensamiento profundamente diferente o si, más bien, intente rechazarlos para afirmar una estructura categórica diferente.

En otros términos, ¿se puede sostener que *Sein und Zeit* metaboliza la noción marxiana de *Entfremdung*, aunque la engaste en un horizonte teórico diferente, o es necesario reconocer más bien que Heidegger, con el análisis de la deyección y de la inautenticidad, pretende desautorizar los análisis de Marx, contraponiéndoles una perspectiva diferente que supone su directa inversión?

Si el *Humanismusbrief*, con su encomio de la denuncia marxiana de la *Entfremdung* como una consecución teórica del hegelianismo que sitúa a Marx por encima de todo *historiografismo* calculador, parece permitir un de-

---

[18] Cf. Por ejemplo B.W. Ballard, «*Marxist Challanges to Heidegger on Alienation and Authenticity*», en *Man and World*, 23 (1990), pp. 121-141; G. L. Sastre, «*Heidegger y Marx*», en *Anales del seminario de Historia de la filosofía*, 4 (1984), pp. 179-195; D. Schweickart, «*Heidegger and Marx. A Framework for Dialogue*», en AA. VV., *Heidegger. The Man and the Thinker*, Precedent Publishing, Chicago 1981, pp. 229-263.

cantarse por la primera opción, sin embargo, existen también en *Sein und Zeit* algunos pasajes que parecen apoyar la segunda.

Por ejemplo, en el parágrafo 10, cuando se examinan rápidamente y se rechazan las diferentes formas de entender la *facticidad* (desde la escolástica a Dilthey y a Scheler), también se menciona, y se rechaza con fuerza, la tesis de la «cosificación de la conciencia»[19] (*Verdinglichung des Bewußtseins),* aunque no se mencionen expresamente los nombres de Marx y Lukács. Y, en términos similares, en el parágrafo 83, con el que se cierra *Sein und Zeit,* Heidegger cuestiona la legitimidad del enfoque de quienes someten a crítica «el peligro de "cosificar la conciencia" (*das "Bewußtsein zu verdinglichen"*)»[20].

Desde *Sein und Zeit,* Heidegger aspira a abandonar la dicotomía sujeto-objeto como residuo metafísico. La filosofía de la «cosificación de la conciencia», es decir, la elaborada por Marx y desarrollada por Lukács, se mueve todavía en el plano óntico de la separación sujeto-objeto[21]. Y por eso, en los parágrafos 10 y 83, Heidegger la somete a una crítica radical.

---

[19] M. Heidegger, *Essere e tempo*, § 10, cit., p. 69.
[20] *Ivi*, § 83, p. 519.
[21] Cf. L. Goldmann, *Lukács e Heidegger. Frammenti postumi*, cit., p. 82.

Examinemos con atención los pasajes de *Sein und Zeit* dedicados a la marxiana y lukácsiana *Verdinglichung des Bewußtseins*, partiendo del parágrafo 10:

«Uno de los primeros problemas de la analítica será mostrar que el sentar un sujeto y yo inmediatamente dado desconoce de raíz la constitución fenoménica del "ser-ahí". Toda idea de un "sujeto" –salvo el caso de que esté depurada por una previa y fundamental definición ontológica (*vorgängige ontologische Grundbestimmung*)– arrastra el sentar *ontológicamente* el *subjetum* (*ὑποχείμενον*), por vivo que sea el ponerse ónticamente en guardia contra el "alma sustancial" o el "hacer de la conciencia una cosa". El "ser cosa" ha menester él mismo ante todo que se compruebe su origen ontológico, a fin de que pueda preguntarse qué se haya de comprender *positivamente* por el *ser* "no hecho una cosa" del sujeto, del alma, de la conciencia, del espíritu, de la persona»[22].

Heidegger está mostrando aquí la exigencia del abandono de la idea del sujeto, la expresión de la historia de la metafísica como olvido del ser. En cualquier forma que se la exprese, la teoría del sujeto se mueve en el plano óntico y no en el ontológico, incluso cuando, como

---

[22] M. Heidegger, *Essere e Tempo*, cit., § 10, p. 69 [las traducciones de los fragmentos de *Sein und Zeit* que aparecen resaltados en el texto corresponden a la versión castellana de José Gaos, Martin Heidegger, *El ser y el tiempo*, Madrid 1998, p. 58 (nota del traductor].

con Marx y Lukács, critique la «cosificación de la conciencia» y las formas de alienación de las que cae víctima el sujeto. De ahí precisamente la exigencia de una aclaración de la «proveniencia ontológica» de tales categorías, de lo que Marx demostró no ser capaz. Así, por el contrario, en el parágrafo 83 de *Sein und Zeit*:

«Que la ontología antigua trabaja con "conceptos de cosas" y que se corre el peligro de "hacer de la conciencia una cosa" es punto que se conoce hace mucho. Pero, ¿qué significa hacer de algo una cosa? ¿De dónde surge semejante operación? ¿Por qué se "concibe" el ser justo "inmediatamente" por lo "ante los ojos" (*Vorhanden*) y no por lo "a la mano" (*Zuhanden*), pese a ser esto *aún más inmediato*? *¿Por qué* se impone una y otra vez el imperio de este hacer de algo una cosa? ¿Cómo está estructurado positivamente el ser de la "conciencia" para que resulte incongruente con él el hacer de la conciencia una cosa? En general, ¿basta la distinción de "conciencia" y "cosa" para desarrollar originalmente los problemas ontológicos? ¿Nos saldrán al encuentro las respuestas de estas preguntas? ¿Cabe ni siquiera *buscar* la respuesta, mientras siga sin plantear ni aclarar la *cuestión* del sentido del ser en general?»[23].

De este fragmento emergen claramente dos aspectos fundamentales, en parte ya presentes en el parágrafo 10:

---

[23] *Ivi*, § 83, p. 519 [versión castellana p. 470 (nota del traductor)].

a) El marxismo permanece en el plano óntico y no sabe acceder al ontológico, tesis que –como sabemos– Heidegger mantendrá y desarrollará ulteriormente tras la *Kehre*, asumiendo a Marx y a sus epígonos como momentos de la historia del olvido del ser; b) Heidegger está aludiendo a la lectura de Marx formulada por Lukács en *Historia y Conciencia de Clase*. Como es sabido, el *Verdinglichung* se convierte con Lukács en una categoría central del planteamiento marxista: baste recordar aquí que el capítulo más extenso del que se compone *Historia y conciencia de clase* se titula «*La cosificación y la conciencia del proletariado*».

En el parágrafo 10, al igual que en el parágrafo 83, la fórmula *Verdinglichung des Bewußtseins* está significativamente enmarcada entre comillas, para indicarnos que se trata de una cita de la que no se menciona al autor: Heidegger aspira a neutralizar filosóficamente esa categoría y, con ella, el planteamiento marxista en el acto mismo con el que, *volens nolens*, metaboliza algunas de sus articulaciones conceptuales decisivas, en primer lugar, la alienación retraducida como *Verfallen*.

Prescindiendo de las intenciones de Heidegger, la figura de la «deyección» (*Verfallen*), en el centro del parágrafo 83 de *Sein und Zeit*, va a recubrir –sea la que fuere su derivación– un campo conceptual que presenta una cercanía nada despreciable con el propio de la *Ent-*

fremdung marxiana. Sobre este tema, resultará fecundo remitirse a la obra de Eduardo Vázquez, *En torno al concepto de alienación en Marx y Heidegger* (1967)[24].

Máxima expresión de la inautenticidad moderna, el *Verfallen* coincide en *Sein und Zeit* con una determinación que cualifica nuestra relación cotidiana con el mundo: se trata, como es sabido, de una figura conceptual que ofrece carta de ciudadanía al movimiento con el que el ser-ahí se precipita al nivel de las cosas, extraviando su propia autenticidad y perdiéndose en su propio mundo objetivo, convirtiéndose él mismo en simple «presencia» inerte, cosa entre las cosas[25].

Por esta razón, para evidenciar este movimiento hacia abajo, Heidegger utiliza la expresión *Verfallen*, es decir, la forma alemana de traducir el latín *deiectio*, término que alude a un movimiento de expulsión y alejamiento que procede desde arriba hacia abajo. Tanto para Marx como para Heidegger, la alienación coincide con una posibilidad de estar en el mundo del hombre, si se

---

[24] E. Vázquez, *En torno al concepto de alienación en Marx y Heidegger*, Edit. Univ. Central de Venezuela, Caracas 1976.
[25] Como ha escrito Goldmann, Heidegger «no se interesa por los aspectos históricamente diferenciados y socialmente localizados de las variaciones de la conciencia y solo conoce las dualidades radicales (auténtico /in-auténtico), ciencia/ontología *Vorhandenheit/Zuhandenheit*, etc.)»: L. Goldmann, *Lukács e Heidegger. Frammenti postumi*, cit., p. 67.

quiere también con una condición que, correspondiendo históricamente a la modernidad capitalista, está inscrita en el mismo tejido de las potencialidades ontológicas del ser-ahí: este puede caer en tal condición para luego rehabilitarse libremente. No correspondiendo a una condición natural-eterna del estar-en-el-mundo del hombre, tanto la deyección de Heidegger como la alienación de Marx pueden ser superadas por el hombre, responsable tanto de su propio «caer» como, eventualmente, de su propio «recuperarse».

En el marco de un análisis que permanece eminentemente ontológico y en el que, por tanto, el problema del ser se afronta a través del *détour* de la pregunta de aquel único ente que está en condiciones de plantearse el problema del ser («la clarificación de la constitución del ser del ser-ahí constituye solo un camino. El *Dasein* es, en este sentido, óntico-ontológico: es un ente entre los entes, pero es el único mediante el cual puede abrirse el sentido del ser. El objetivo de *Sein und Zeit* es la elaboración del problema del ser en general)[26], Heidegger, como es sabido, identifica la clave quintaesencial de la deyección como precipitación del ser-ahí en el reino anónimo de la cosidad del *Man*, el homologado *Se* que

[26] M. Heidegger, *Essere e Tempo*, cit., § 83, p. 518. «El ser-ahí se ha revelado, por tanto, como el ente que, el primero de todos, debe ser interrogado ontológicamente» (*ivi*, § 4, p. 30).

anula la idea misma de posibilidad y de elección proyectual. En la estructura de *Sein und Zeit,* como sabemos, el *Gefragtes*, el «preguntado», es el ser, el *Befragtes*, el «encuestado», es el ente y el *Erfragtes*, el «objeto de averiguación», es el sentido del ser: el *Dasein* es aquel ente específico que solo se plantea la pregunta sobre el ser a partir del sentido de este último, configurándose, por tanto, como el lugar donde el ser se manifiesta en la forma de la comprensión de su sentido.

En el mundo de la deyección consumada, el individuo se siente libre y por eso mismo no advierte la necesidad sistémica en la que se encuentra suspendida la sociedad en la que habita, reino de la existencia inauténtica de soledades homologadas e intercambiables, que actúan como *se* actúa y piensan como *se* piensa. Así, en el parágrafo 27 de *Sein und Zeit*:

«Este "ser uno con otro" (*Mitsein*) disuelve totalmente el peculiar "ser-ahí" en la forma de ser de "los otros", de tal suerte que todavía se borra más lo característico y deferencial de los otros. En este "no sorprender", antes bien, resultar inapresable, es donde despliega el "*Man*" su verdadera dictadura (*entfaltet das Man seine eigentliche Diktatur*)»[27].

---

[27] *Ivi*, § 27, p. 163 [version castellana, p. 143: aquí se ha sustituido «uno» por «*Man*» siguiendo el criterio de Fusaro (nota del traductor)]. Cf. S. Bancalari, *L'latro e l'esserci: Heidegger e il problema del Mit-*

Se trata, en sus líneas esenciales, de una fustigante acusación contra la sociedad de masas, acusación que debería inducir a reflexionar a todos aquellos que con inflexible tenacidad se obstinan en liquidar el pensamiento heideggeriano como desprovisto de espíritu crítico («la jerga de la inautenticidad»[28] propia de quien renuncia a pensar, ya que «la jerga piensa por sí misma y hace superfluo el pensar»[29]) o, peor aún, como una simple ramificación ideológica del nazismo[30].

Con la gramática del parágrafo 27 de *Sein und Zeit*, en la inautenticidad de la sociedad de masas y el conformis-

---

sein, CEDAM, Padua 1999; F. A. Olafson, *Heidegger and the Ground of Ethics. A Study of Mitsein*, Cambridge University Press, Cambridge 1998.

[28] T. W. Adorno, *Jargon der Eigentlichkeit. Zur deutschen Ideologie*, 1964; tr. it. de P. Lauro, *Il gergo dell'autenticità. Sull'ideologia tedesca*, Bollati Boringhieri, Turín 1989.

[29] *Ivi*, p. 11.

[30] Cf. Al menos, entre los numerosos ensayos sobre este tema, V. Farias, *Heidegger et le nazisme*, 1987; tr. it. de M. Marchetti y P. Amari, Bollati Boringhieri, Turín 1988; E. Faye, *Heidegger, l'introduction du nazisme dans la philosophie. Autour des séminaires inédits de 1933-1945*, 2005; tr. it. de L. Profeti, *Heidegger, l'introduzione del nazismo nella filosofia*, L'Asino d'oro, Roma 2012; P. Bourdieu, *L'ontologie politique de Martin Heidegger*, 1988; tr. it. de G. De Michele, *Führer della filosofia? L'ontologia politica di Martin Heidegger*, Il Mulino, Bolonia 1989. Alexander Schwan se ha aventurado a hablar en referencia a la filosofía de Heidegger, de "ontología hitleriana": A. Schwan, *Politische Philosophie im Denken Heideggers*, Westdeutscher, Colonia 1965.

mo planetario «cada uno es como el otro»[31] y nadie es él mismo: en esto se manifiesta «el nadie al que todo ser-ahí es abandonado». La sociedad asume la configuración cosificada de un atomismo de individuos seriados e intercambiables, donde todos piensan y quieren lo mismo, ya que todos son presa de la dictadura de aquel «Se» impersonal que «disuelve completamente el ser-ahí individual en el modo de ser "de los demás"»[32].

El *Man* es lo neutro, lo que es de todos y de ninguno: por eso mismo, produce «la nivelación (*Einebnung*) de todas las posibilidades del ser»[33], rebajando todo ser-ahí al nivel impersonal de la posición media inconsciente y asumida acríticamente como natural en tanto que socialmente dada; posición media en función del cual todo *Dasein* individual se adhiere a modelos dados de pensamiento y acción, extraviando su propio *Seinkönnens* y rebajándose al nivel de la simple presencia aprospectiva y aproyectual de las cosas.

---

[31] M. Heidegger, *Essere e tempo*, § 27, cit., p. 163. Cf. H. N. Tuttle, *The Crowd is Untruth. The Existential Critique of Mass Society in the Thought of Kierkegaard, Nietzsche, Heidegger, and Ortega y Gasset*, Lang, Nueva York 1996.

[32] M. Heidegger, *Essere e tempo*, § 27, cit., p. 163.

[33] *Ivi*, § 27, p. 216.

El «Se» homologante «decreta el modo de ser de la cotidianidad»[34] en todas sus manifestaciones. No solo induce a pensar como «se» piensa y a actuar como «se» actúa, promoviendo el conformismo en todo ámbito. Incluso, determina y predispone los modos de la oposición a la dictadura del *Man*, ya que en la sociedad masificada incluso el inconformismo se presenta de manera ineludiblemente conformista. En efecto, nos oponemos al conformismo como *se* ha de oponerse a él y «nos mantenemos alejados de la "gran masa" como *se* ha de mantenerse alejado»[35] de ella, quedando por eso mismo prisioneros del *Man* del que aspiramos a liberarnos.

Es, precisamente, el mundo de la homologación de la sociedad de masas moderna, en el que reina la nivelación enmascarada detrás de la ideología del libre desarrollo del individuo y en el que, a la vez, el *Dasein* es reducido al rango de las cosas, privado como es de su libertad y su responsabilidad, coartado a adherirse a modas y tendencias que no surgen de su libre proyectualidad ad-veniente, pero que son gestionadas arteramente por las estrategias deyectivas del *Man* anónimo e impersonal («el "Quién" es el neutro, el "Se"»)[36]. En este sentido, según lo sugerido por la *Negativ Dialektik* ador-

---

[34] *Ibidem*.
[35] *Ibidem*
[36] *Ivi*, § 27, cit., p. 215.

niana, el *Man* «denunciaría la antropología de la esfera de la circulación».

Por tanto, la *Eigentlichkeit* de *Sein und Zeit* constituye también un vigoroso intento de reaccionar con fuerza frente la opinión pública capilarmente manipulada por los *mass media*, en una recuperación de la auténtica existencia proyectada libremente, sin condicionamientos homologantes, de manera que el individuo realice sus propias potencialidades ontológicas, volviendo a ser el *Entwurf* que estructuralmente es.

Si en el mundo de la inautenticidad el ser-ahí no *eksiste*, sino que se da en la forma opaca de la presencia cósica, es decir, como una anónima *res* entre tantas otras, todo el proyecto de *Sein und Zeit* está dirigido a prospectar los fundamentos para la reconquista de la autenticidad, a través de un contra-movimiento merced al cual, como sugiere Adriano Fabris, el *Dasein* se determine «auténticamente como poder-ser y se asuma en su poder-ser más propio»[37], es decir, en su libre proyectualidad abierta al futuro. Solo por ese camino el serahí puede reapropiarse de su propia esencia y corresponderse a sí como «apertura» (*Erschlossenheit*): este, como sabemos, coincide con el ente que de vez en cuan-

---

[37] A. Fabris, *Essere e tempo di Heidegger. Introduzione alla lettura*, Carocci, Roma 2009, p. 127.

do es su «-ahí», ya que es la serie de sus relaciones y sus implicaciones.

En su forma auténtica, el ser-ahí de *Sein und Zeit* no es una cosa entre cosas, sino es posibilidad o, más precisamente, el *Möglichsein*, «ser-posible». El ser-ahí es, en consecuencia, la serie de sus posibilidades: le corresponde a él elegir libremente en cual determinarse, ya que su esencia es la del «proyecto arrojado» (*geworfener Entwurf*). El poder ser del ser-ahí es aquello en virtud de lo cual este es llamado a proyectarse concretamente en su ser-en-el-mundo. La deyección, al igual que la alienación marxiana, está presente entre estas posibilidades, si bien se configura como posibilidad de pérdida de sí.

Desarrollando las consideraciones de *Sein und Zeit* sobre el *Man* homologado, se podría lícitamente sostener que en la sociedad de masas la imposición de patrones de comportamiento y estilos de vida por parte de la moda y de la publicidad permite no solo que se relance continuamente el movimiento de la «valorización del valor» (Marx) y de la acción febril y descompuesta de la técnica (Heidegger), sino también controlar capilarmente a los individuos, dejándolos vivir en la ilusión de que son libres y autodeterminados. El dominio omni-invasivo de la técnica, en el centro de las obras que siguen al *Kehre*, ya se ha planteado, si bien en un contexto teórico diferente, en *Sein und Zeit*, si se considera que la categoría de *Man* permite descifrar aquella nivelación planetaria que, a continuación, Heidegger interpretará en conexión directa con las dinámicas del *Gestell* y de la *Gleichförmigkeit* que esta impone a escala mundial. Así, por ejemplo, se sostendrá en *Vier Seminare*:

«En el sistema el hombre es inducido a comportarse de una manera que corresponde a la explotación y al consumo; la relación con la explotación y el consumo obliga al hombre a estar en esta relación. El hombre no mantiene la técnica en sus manos. Él es el juguete de esta última»[38].

El ejemplo más significativo de esta dinámica de estandarización forzada lo ofrece el fenómeno de la moda, que a su manera podría concebirse plausiblemente –incluso más allá de Heidegger– como una forma particular en la que él Se ejerce su dictadura homologante. Haciendo valer lo que Simmel[39] ya calificaba de una verdadera tiranía, la moda promete a cada individuo la conformación de un yo único e irrepetible y, al mismo tiempo, propone a todos, de manera serial, el mismo modelo al que conformarse, en una verdadera identificación recíproca detrás de la aparente diversificación: cada uno solo puede ser él mismo siendo en el modo en el que

---

[38] *Id.*, *Seminari*, cit., p. 143.

[39] Cf. G. Simmel, *Die Mode*, 1911; tr. it. de L. Perucchi, La moda, SE, Milán 1996.

«se» es. Por esto, la moda es la forma en que, en el plano estético, la sociedad de masas impone de forma mórbida y flexible la adaptación, la homologación a los arquetipos impuestos por la astucia de la producción gracias a la mórbida dictadura del *Man*.

Como sabemos, la «curiosidad» (*Neugier*) como modo decaído del «discurso» (*Rede*), la «habladuría» (*Gerede*) como modo invertido de visión y el «equívoco» (*Zweideutigkeit*) como modo invertido de interpretación constituyen los elementos fundamentales de la heideggeriana «existencia inauténtica» (*uneigentliche Existenz*) del mundo alienado promovida por las prestaciones engañosas de la industria cultural. La curiosidad de la opinión pública, es decir, la «incapacidad de detenerse en lo que se presenta»[40] es alimentada cambiando continuamente la atención hacia nuevos objetos sacados *ad hoc* a la palestra por la manipulación organizada con el fin de domesticar las mentes y plasmarlas según el orden ideológico. Se comprende entonces en qué sentido, como sugiere Heidegger, la curiosidad se vea acompañada siempre por la distracción: el curioso «está en todas partes y en ninguna»[41], manipulado por los mecanismos anónimos e impersonales del *Man sagt* del circo mediático y de aquello que el *Humanismusbrief* llamará el «mer-

---

[40] M. Heidegger, *Essere e Tempo*, cit., § 36, p. 217.
[41] *Ivi*, § 36, p. 218.

cado de la opinión pública» (*Markt des öffentlichen Meinens*), de manera que su atención fluctúe permanentemente entre cuestiones irrelevantes que se presentan como decisivas.

La curiosidad, por lo demás, siempre según la indicación de *Sein und Zeit*, es una aliada estratégica de la habladuría, es decir, de la «posibilidad de comprender todo sin ninguna apropiación preliminar de la cosa a comprender»[42]. La habladuría corresponde, de hecho, al dispositivo aparentemente anónimo, en realidad ideológicamente caracterizado, del «se dice», a través del cual el lenguaje, más que desvelar el ser, lo oculta y lo hace indescifrable. En el mundo del consenso organizado se producen habladurías de todo sin que nada se llegue a comprender en profundidad, es decir, se permanece siempre en la superficie distorsionada de la realidad. La habladuría ha perdido –o jamás ha alcanzado– la relación originaria con el ente sobre el que trata.

El equívoco, por último, coincide con el ámbito en el que proliferan la habladuría y la curiosidad[43]: ambos generan constantemente una red de malentendidos, a causa de los cuales el ser-ahí nunca llega a comprender plenamente qué es verdaderamente el «se dice» de la

---

[42] *Ivi*, § 35, p. 213.
[43] *Ivi*, § 37, pp. 218-220.

manipulación organizada. La realidad mediática, producida arteramente por el sistema omni-invasivo de producción de consenso y por aquella que, posteriormente, los *Holzwege* etiquetarán como «la organización técnica de la opinión pública mundial»[44], se impone como la única posible.

Por lo que concierne al concepto de *Verfallen*, al igual que para el que está estrechamente unido a la noción marxiana de *Entfremdung*, es necesario evidenciar ulteriormente que no se trata tanto de una «caída» respecto a un origen, como si estuviésemos en presencia de una reescritura en términos de inmanencia del concepto cristiano de pecado original (contra una lectura de este tipo, por lo demás, se posiciona el propio parágrafo 38 de *Sein und Zeit*[45]). Al contrario, el *Verfallen* alude a la pérdida de las propias potencialidades por parte del hombre, en una forma tal por la que es el hombre mismo, responsable de esta «culpa», quien pueda ponerle remedio, allí donde, desde una perspectiva de orden cristiano, el «pecado original» es imposible de cancelar por obra de la humanidad.

---

[44] *Id.*, «*Der Spruch des Anaximander*», 1946, en *Id.*, *Holzwege*, 1950; tr. it. de V. Cicero, «*La locuzione di Anassimandro*», en M. Heidegger, *Sentieri erranti nella selva*, Bompiani, Milán 2002, p. 385 (GA, 5, p. 326).

[45] *Id.*, *Essere e Tempo*, § 38, cit., p. 226

Ahora, la posible redención es admitida tanto por el Marx de los *Manuscritos* de 1844 como por el Heidegger del *Ser y Tiempo*, si bien en formas un tanto diferentes: para Marx, la *Entfremdung* en la que la humanidad se mantiene suspendida a merced de la producción capitalista puede ser socialmente superada por una vía revolucionaria mediante la consecución del comunismo, «el enigma resuelto de la historia»[46] (*das aufgelöste Rätsel der Geschichte*) que sella la reapropiación por parte del género humano de su propio *Gattungswesen* perdido y posteriormente hallado de nuevo en el proceso histórico. Se trata, evidentemente, de una perspectiva *toto genere* hegeliana, con la que congenian las palabras de la *Phänomenologie des Geistes*: «el movimiento del existente consiste, por una parte, en convertirse en otro de sí mismo y convertirse así en su propio contenido inmanente, y, por otra, en reemprender dentro de sí este despliegue, esta existencia»[47], a través de la mediación temporal del convertirse en otro de sí mismo, es decir, a través de la alienación y su restitución.

Si bien en un planteamiento heterogéneo respecto al dialéctico hegeliano y marxiano, también *Sein und Zeit* piensa la deyección como un extravío de las potencia-

---

[46] MEW, I, p. 536.

[47] G. W. F. Hegel, *Phänomenologie des Geistes*, 1807; tr. it. de V. Cicero, *Fenomenologia dello Spirito*, Bompiani, Milán 2000, p. 113.

lidades del ser-ahí, como una caída en la inautenticidad que hace coexistir el *Dasein* con las formas cosificadas que no le serían propias y que se determinan tanto en la pérdida de la proyectualidad existencial como en el olvido de la *Seinsfrage* (sustituida por la habladuría y el interés exclusivo por la dimensión del beneficio).

El parágrafo 38 de *Sein und Zeit*, dedicado a la *Verfallen*, no deja lugar a dudas: la deyección corresponde a una pérdida nunca definitiva de la autenticidad del ser-ahí; tal extravío hunde sus raíces en las propias posibilidades del *in-der-Welt-Sein* del *Dasein*, que en su historia puede realizarse o perderse, alienarse y desalienarse[48]. Su clave constitutiva es la posibilidad, la capacidad de determinarse proyectualmente, asomándose en lo que aún no es, lo que Heidegger, metabolizando el mensaje paulino, llama *ek-sistere*. Hay, a este respecto, un fragmento del *Kantbuch* de 1929 que debe ser leído con-

[48] El *in-der-Welt-Sein* de *Sein und Zeit* alude al hecho que el ser-ahí está en el mundo vital como inmediata apertura. No se da, en efecto, una escisión entre Yo y mundo, según los que se ha sostenido de forma variada por la línea hegemónica iniciada en la modernidad por Descartes. En esta superación heideggeriana del dualismo cartesiano, juega un rol decisivo la recuperación brentaniano-husserliana del concepto aristotélico-escolástico de intencionalidad. La apertura intencional, sin embargo, no es en *Sein und Zeit* eminentemente teorética, sino más bien práctica, configurándose como un «hacerse cargo» (*Besorgen*). Cf. P. Luzi, *Intenzionalità e trascendenza: il pensiero di Husserl e Heidegger*, Carocci, Roma 2010; A. Masullo, *La «cura» in Heidegger e la riforma dell'intenzionalità husserliana*, CEDAM, Padua 1989.

juntamente con los de *Sein und Zeit* a los que se ha hecho referencia hasta ahora:

«Por deyección (*Verfallen*) no entendemos los acontecimientos ocasionales de la vida humana, susceptibles de una valoración negativa por parte de una crítica de la cultura, sino un carácter de la intrínseca finitud trascendental del ser-ahí, un carácter que es uno con el proyecto "arrojado"»[49].

El *Verfallen* no corresponde a una condición natural-eterna, ni a una pura accidentalidad que concierna ocasionalmente a las existencias individuales. Por el contrario, está conectado con la finitud del *Dasein* y su *proyectualidad*, correspondiendo, de hecho, a una de sus posibilidades que se han realizado históricamente. Como en los *Manuscritos* de 1844 de Marx, también *Ser y Tiempo* hace seguir a la descripción de la deyección una propuesta para su posible superación; propuesta que –como veremos– marca una diferencia decisiva respecto a la perspectiva marxiana, no solo porque se apoya en el *Dasein* individual y no en una específica clase social, sino también porque –de manera convergente– no tematiza la *Aufhebung* de la sociedad de masas, sino simplemente la posibilidad, para el ser-ahí individual, de reencontrarse a sí mismo, sin que ello implique una metamorfosis revolucionaria del mundo sociopolítico. El mismo lema

[49] M. Heidegger, *Kant e il problema della metafisica*, cit., p. 203.

Eigentlichkeit presenta la misma raíz de *Eigentum*, la «propiedad», «lo que es propio»: devenir «auténtico» significa, para el ser-ahí, recuperar la posesión de sí y de su *Entwurf* temporalmente extraviado.

Ya se ha dicho que el sistema de *Sein und Zeit* se rige por la asunción de la posibilidad y del *Möglichsein* como fundamento mismo de la existencia: «El *Dasein* no es un ente (*Vorhandenes*) que posea por añadidura la capacidad de poder cualquier cosa, sino es primariamente *ser posible* (*Möglichsein*)»[50]. Y prosigue: «El ser-ahí, en cuanto tal, ya se ha proyectado siempre y continúa siendo proyectante mientras es. El ser-ahí ya se comprende siempre y se comprenderá mientras exista, en base a la posibilidad»[51].

Como sabemos, para Heidegger el ser-ahí está en el mundo eminentemente como *Verstehen* y como *Befindlichkeit*, como «comprensión» y como «afectividad»: ya tiene siempre una dada comprensión de una totalidad de significados, pero después también una cierta tonalidad efectiva con la que se relaciona con las cosas que pueblan el mundo[52]. Es, por eso mismo, irreductible al

---

[50] *Id.*, *Essere e Tempo*, § 23, cit., p. 143.
[51] *Ivi*, § 31, p. 185.
[52] Cf. R. Pocai, *Heideggers Theorie der Befindlichkeit. Sein Denken zwischen 1927 und 1933*, Alber, Friburgo i.B. 1996. Véase también H.

plano de la inerte cosidad, so pena de perderse a sí mismo y sus prerrogativas fundamentales.

El *Dasein* ya está siempre colocado en su mundo histórico, entre objetos que son *Zuhanden*, «utilizables» para fines específicos. El ejemplo heideggeriano, en el parágrafo 15 de *Sein und Zeit*, es el del martillo: «es el martilleo el que descubre la "usabilidad" específica (*Handlichkeit*) del martillo»[53]. La relación del *Dasein* con el mundo es en *Sein und Zeit* ante todo de orden práctico, no teorético, según una reescritura de la fenomenología husserliana[54].

El mismo perderse, alienándose en la deyección y, por tanto, cayendo al nivel de las cosas inertes y no proyectuales, que están sin *ek-sistere*, está entonces radicado en las infinitas posibilidades de desarrollo del *Dasein*, que es –como la humanidad para Marx, si bien según modalidades del todo diversas– libre para perderse y encontrarse en su propio devenir. Así, en *Sein und Zeit* se lee (§ 38):

L. Dreyfus, *Being-in-the-World. A Commentary on Heidegger's «Being and Time»*, MIT Press, Cambridge 1991.

[53] M. Heidegger, *Essere e Tempo*, § 15, cit., p. 95

[54] Cf. G. Prauss, *Erkennen und Handeln in Heideggers «Sein und Zeit»*, Alber, Friburgo 1977. Véase también R. Bernasconi, «*The Fate of the Distinction Between Praxis and Poiesis*», en *Heidegger Studies*, 2 (1986).

«Este extrañamiento que cierra al "ser-ahí" su *autenticidad* (*Eigentlichkeit*) y su *posibilidad* (*Möglichkeit*), aunque sólo sea la de un genuino fracasar, no entrega sin embargo a entes distintos de él mismo, sino que lo empuja hacia su *inautenticidad* (*Uneigentlichkeit*), *hacia una posible forma de ser él mismo* (*in eine mögliche Seinsart seiner selbst*)»[55].

La deyección como ápice de la inautenticidad hace que el ser-ahí extravíe su ser más propio, es decir, la posibilidad proyectual, reduciéndolo al rango de las cosas, y, por lo tanto, empujándolo a una posibilidad de ser que –aunque alienada y cosificante– le sigue siendo propia, si bien como posibilidad negativa (el parágrafo 38 de *Sein und Zeit* habla expresamente de *Sichverfangen*, del «auto-encarcelamiento» del *Dasein*). Por consiguiente, está llamado a encontrarse a sí mismo y a «volver a salir» del torbellino en el que se precipitó.

Bajo esta luz se entiende por qué razones y sobre qué fundamento Heidegger insiste repetidamente en que la raíz del *Verfallen* deba ser identificada en el propio actuar del *Dasein* y que, por tanto, no deba entenderse

[55] *Ivi*, § 38, cit., p. 224 [versión castellana p. 198: se han sustituido «propiedad» en la versión de Gaos por «autenticidad» según la traslación de Fusaro, así como por «impropiedad», «inautenticidad» (nota del traductor].

como una fuerza trascendente extrahumana que irrumpe desde el exterior: «el ser-ahí –escribe– cae de sí mismo y en sí mismo en la falta de fundamento y en la nulidad de la vida cotidiana inauténtica»[56] (*das Dasein stürzt aus ihm selbst in es selbst, in die Bodenlosigkeit und Nichtigkeit der uneigentlichen Alltäglichkeit*).

En tanto posibilidad histórica de estar en el mundo del hombre, la deyección siempre puede ser superada mediante la recuperación de la autenticidad momentáneamente perdida:

«Y por ser en cada caso el "ser-ahí" esencialmente su posibilidad, *puede* este ente en su ser "elegirse" a sí mismo, ganarse, y también perderse, o no ganarse nunca, o sólo "parece ser" que se gana»[57].

En efecto, el *Dasein* –se especifica en *Sein und Zeit* (§ 9)– «puede haberse perdido o no haberse conquistado todavía solo porque su esencia implica la posibilidad de autenticidad (*sich zueigen ist*)»[58]. Por esto mismo, puede decidir libremente permanecer en la inautenticidad o aspirar, por el contrario, a la autenticidad y, en consecuencia, a la liberación de la deyección de la que es responsable.

---

[56] *Ibidem*.
[57] *Ivi*, § 9, p. 107. [versión castellana p. 54].
[58] *Ibidem*.

Para Heidegger, el ser-ahí *eigentlich* es, entonces, lo que –liberado del apretón de la inautenticidad de la sociedad de masas y de la dictadura del *Man*– se pertenece y se proyecta en la conciencia de la posibilidad en la que se resuelve su *eksistere*. Ser auténticos significa, por consiguiente, según el dictado de *Sein und Zeit*, abandonar el automatismo irreflexivo e irresponsable del *Man*, la indiferencia y el anonimato, para ganar laboriosamente la dimensión de la *Sorge*, del «cuidado», y por lo tanto de la responsabilidad y la solicitud hacia la presencia y el misterio del Ser, volviendo a ocuparse seriamente de aquella *Seinsfrage* caída en el olvido durante siglos. Quiere decir, en otros términos, dejar de ser según la modalidad cosificante de las cosas y empezar a *ek-sistere* proyectualmente, trascendiendo responsablemente el presente en vista a un futuro en el que sean realizadas finalmente las expectativas que han determinado la acción de *Dasein*.

El hecho de que *Sein und Zeit* ponga en conexión directa la deyección y la inautenticidad con el *Seinsvergessenheit* nos permite, por otra parte, sostener que, siendo el olvido del ser tan antiguo como su denuncia en el *Sofista* de Platón, los mismos fenómenos del *Verfallen* y de la *Uneigentlichkeit*, que también alcanzan su culmen en la moderna sociedad de masas, son para Heidegger, al menos dentro de ciertos límites, coesenciales para la historia de la metafísica occidental; igual que para Marx, la *Entfremdung*, que en la moderna *kapitalistische Produktionsweise** se da en su forma extrema, es en cierta medida tan antigua como la «división del trabajo» (*Teilung der Arbeit*).

A la luz de lo que hemos venido diciendo, la deyección –siguiendo *Sein und Zeit*– es un «auto-encarcelamiento»[59] (*Sichverfangen*) mediante el cual el ser-ahí cae en esa pérdida de sí mismo que se deja también encuadrar como una caída, como un precipitarse como un torbellino en el reino inanimado y puramente pasivo de las cosas, según aquella que Marx había llamado *Verdinglichung*. «Nosotros –señala Heidegger– llamamos a este "movimiento" del ser-ahí en su propio ser *caída* (*Absturz*)»[60]; y poco después, el pensador alemán alude expresamente al «movimiento de la deyección como torbellino»[61] (*Bewegtheit des Verfallens als Wirbel)*.

El movimiento deyectivo de la inautenticidad es profundizado por Heidegger en las páginas de *Sein und Zeit* en una perspectiva ciertamente diferente y no superponible a la marxiana, pero, no obstante, con un número en absoluto exiguo de puntos de tangencia. Si para Marx el

---

* Modo de producción capitalista (nota del traductor).

[59] *Ivi*, § 38, p. 224.

[60] *Ibidem*.

[61] *Ibidem*.

*Weltmarkt** transforma alienación y cosificación en un drama tan extenso como el mundo, para *Sein und Zeit* el mismo *Verfallen* tiende a hacerse él mismo destino del hombre a escala global, dando lugar –con el vocabulario del «segundo Heidegger»– a un verdadero despliegue planetario de lo inauténtico, como se manifiesta en el *Gestell*. Este es, por otra parte, el aspecto que Heidegger valora más en el *Humanismusbrief* de Marx, es decir, haber descifrado el carácter de *Weltschicksal** propio de la alienación como *Heimatlosigkeit** de los habitantes del mundo moderno.

En perspectiva semejante, permaneciendo siempre firmes las diferencias ineludibles entre los dos órdenes de discurso y entre los dos sistemas metafísicos, la «falsa conciencia» marxiana parece aproximable al *Man sagt* de *Sein und Zeit*, precisamente, como la búsqueda de la reconquista de la *Gattungswesen* en el «joven Marx», parece que se pueda acercar a la lucha heideggeriana contra la *Faktizität* entendida como una mera presencia dada[62]. Al igual que los *Manuscritos económico-filosóficos* de 1844 pretenden restituir al hombre su «esencia de género» perdida en la *Entfremdung* capitalista, *Ser y el*

* Mercado mundial (nota del traductor).
* Destino mundial (nota del traductor).
* Carencia de patria (nota del traductor).
62 A. de Benoist, *Comunità e decrescita. Critica della ragion mercantile*, Arianna, Bolonia 2006, p. 104.

Tiempo aspira a superar la deyección y la inautenticidad típica de la sociedad de masas, para hacer llegar al *Dasein* a la dimensión del *Eigentlichkeit* en la que solo puede ser plenamente él mismo en el ritmo de la *eksistencia*.

En una vibrante protesta contra la cosificación moderna, *Sein und Zeit* (§ 9) muestra cómo, a diferencia de los entes que pueblan el mundo en la modalidad de la simple *Vorhandenheit*, de pura objetividad sin *eksistencia*, solo el ser-ahí es aquel ente «cuya esencia (*essentia*) [...], en la medida en que se puede hablar de ella, debe ser entendida a partir de su ser (*existentia*)»[63]. Sostener que la esencia del estar-ahí está en su *eksistencia* significa que no es posible definir el *Dasein*: el único camino para entender su esencia consiste en la comprensión de sus concretas modalidades de ser, según la vía seguida por la *Daseinsanalyse* de *Sein und Zeit*.

En efecto, el *eksistere* del *Dasein* coincide, por su esencia, con la superación incesante de la dimensión óntico-presencial de las cosas. El ser-ahí es estar-en-el-mundo, apertura a una totalidad de significados que se insertan en el círculo hermenéutico del *Verstehen* y de la *Auslegung* con el que se pone de manifiesto en el plano cognitivo la apertura del ser. En este sentido, en antítesis

---

[63] M. Heidegger, *Essere e Tempo*, § 9, cit., p. 106.

con la reducción del hombre a cosa inerte, el ser-ahí existe en un modo que «no equivale, en el plano ontológico-existencial, al "qué" de la facticidad propia de las cosas»[64]. La efectividad del estar en el mundo del *Dasein* está, por lo demás, siempre determinada por la *Befindlichkeit*, por la «situación afectiva», por los estados de ánimo con los que estamos en el mundo, pero también por la capacidad de hacernos cargo del «existente», actuando en él como sujetos activos.

El propio Heidegger parece reconocer expresamente su propia cercanía conceptual a la *Entfremdung* marxiana, cuando menciona expresamente, en varios lugares del parágrafo 38 de *Sein und Zeit*, la categoría marxiana (y luego lukácksiana) del *Entfremdung*: «El ser-ahí es empujado a un *extrañamiento* (*Entfremdung*) en el que esconde a sí mismo su más propio poder-ser»[65]. Y añade en términos convergentes: «El estar-en-el-mundo deyectivo, en tanto que tentador y tranquilizador, es al mismo tiempo alienante (*entfremdend*)»[66].

Esto ya sería suficiente para justificar la comparación que se ha intentado hasta ahora entre la deyección hei-

---

[64] *Ivi*, § 29, pp. 226-227.

[65] M. Heidegger, *Essere e Tempo*, § 38, p. 224.

[66] *Ibidem*. No creemos que «Heidegger y Marx hablen de alienación de modos completamente diferentes»: M. Eldred, *Kapital und Technik. Marx und Heidegger*, Roell, Dettelbach 2000, p. 10.

deggeriana y la alienación marxiana. Pero está además el *Humanismusbrief* de 1947 para disipar cualquier posible duda sobre la legitimidad de la operación. Como sabemos, Heidegger reconoció *apertis verbis* a Marx el mérito de haber planteado la cuestión de la alienación, alcanzando así un grado de comprensión de la historia inconmensurablemente más profundo que el logrado por sus contemporáneos, prisioneros del historiografismo calculador y carente de capacidad reflexiva. En particular, se sostiene acerca del pensador de Tréveris en el *Humanismusbrief*: «en la medida en la que experimenta la alienación, alcanza una dimensión esencial de la historia»[67] (*indem er die Entfremdung erfährt, in eine wesentliche Dimension der Geschichte hineinreicht*).

Se trata de una dimensión esencial [*wesentliche Dimension*] porque ya posee una connotación filosófica. Marx, en efecto, no se limita a cartografiar la historia de su tiempo, ni a describirla asépticamente, como si se tratara de una objetividad dada e incolora (según las concepciones positivistas viejas y nuevas). Por el contrario, percibe de manera profunda la característica más típica de la historia moderna, la deshumanización que se está produciendo, el extravío del hombre en su mundo objetivo, la deyección que se consuma en el mundo de la tecnología y el conformismo del *Man*.

---

[67] M. Heidegger, *Lettera sull'«umanismo»*, cit., p. 292.

Desde el punto de vista heideggeriano, aunque permaneciendo en el seno de la metafísica y, por tanto, del proceso de olvido del ser, Marx aferra mediante la categoría de *Enfremdung* una dimensión profunda de la historicidad y del destino del hombre moderno, su *Heimatlosigkeit*; comprende, como veremos, ese problema al que no puede poner remedio, siendo su propio filosofar un episodio -por más que sea crítico- de la historia de la metafísica como olvido del ser. Por lo tanto, vale la pena leer todo el pasaje de la *Carta sobre el Humanismo* consagrado al pensador de Tréveris, ya que arroja más luz sobre la cercanía en *Sein und Zeit* entre las nociones de *Verfallen* y *Entfremdung*:

«Lo que Marx, partiendo de Hegel, ha reconocido en sentido esencial y significativo como alienación del hombre hunde sus raíces en la carencia de una patria (*Heimatlosigkeit*) del hombre moderno [...] y, por tanto, Marx, en tanto que experimenta la alienación, alcanza una dimensión esencial de la historia y, por esta razón, la concepción marxista de la historia se sitúa por encima de cualquier otro historiografismo»[68].

Nunca mencionado en las páginas de *Sein und Zeit* y, sin embargo, presente de manera cárstica en el tratamiento heideggeriano de la existencia inauténtica y la deyección, el nombre de Marx se menciona explícita-

---

[68] *Ibidem*.

mente en el *Brief über den Humanismus*, donde el pensador de Meßkirch no solo valora la contribución filosófica del pensador de Tréveris, sino que, *ex post*, reconoce *apertis verbis* la deuda teórica con él contraída desde los tiempos de la obra de 1927[69].

La categoría de *Entfremdung* sigue siendo para Heidegger, bien entendido, la aportación más importante de la obra marxiana, hasta tal punto que él mismo la metaboliza desde los tiempos de *Sein und Zeit* (aunque en una perspectiva irreducible, como es evidente, a la de Marx) y la mantiene siempre como fondo de reflexión, incluso cuando su análisis comienza a orbitar en torno a conceptos (técnica, imposición, abandono del ser, etc.) que ya no coinciden con ella pero que, sin embargo, la presuponen.

La *Entfremdung*, por lo demás, constituye probablemente para Heidegger el único concepto de toda la reflexión marxiana o, en todo caso, el que signa en mayor medida un fecundo excedente del pensador de Tréveris respecto a la *Metaphysikgeschichte* como *Seinsvergessenheit*, haciendo, antes bien, posible –lo que el propio Heidegger hace– tanto la «destrucción de la historia de la ontología» como la dura crítica del mundo de la tecnolo-

---

[69] Cf. H. Kittsteiner, Mit *Marx für Heidegger, mit Heidegger für Marx*, cit., pp. 93 ss.

gía como reino de la inautenticidad y de la pérdida de patria del hombre moderno.

Sin embargo, esto no debe llevarnos a olvidar la diferencia entre la alienación marxiana y la heideggeriana ausencia de patria, sobre todo en referencia al «punto de inflexión». En efecto, si en *Sein und Zeit* la deyección –en esto cercana a la *Entfremdung* de Marx– alude al perderse del hombre respecto a sus propias potencialidades (con anexo extravío de la capacidad de plantear la cuestión del ser), tras el *Kehre*, y especialmente en las páginas del *Humanismusbrief*, la *Heimatlosigkeit* –cuya esencia reside *in der Seinsverlassenheit des Seienden*– indica ante todo la lejanía del hombre del ser y, además, se basa en el humanismo que piensa el hombre como señor y no como pastor del Ser.

APRAXIA Y ECLIPSE DEL TRABAJO EN EL CAPITALISMO ABSOLUTO

«Acabamos dependiendo de las criaturas hechas por nosotros».
(J.W. Goethe, *Fausto*)

1. Prólogo

Entre las múltiples determinaciones que parecen caracterizar la actual coyuntura figura, seguramente también, una inédita contracción del actuar, que no pocas veces se configura en la forma de una verdadera *apraxia*. Si es cierto, como ha sugerido Peter Sloterdijk, que el paisaje posmoderno se presenta como un tránsito del «hacer» al «dejar ser» (Sloterdijk, 1983, p. 184), con un abandono de la «razón práctica» en favor de la «razón cínica», tal dominio de la *apraxia* debe ser cuestionado en relación con los desarrollos del capitalismo contemporáneo: y esto, ante todo, porque, con Marx se hace posible, a partir de un cuestionamiento radical de la constelación social y política del *Produzieren*, aclarar y resolver las cuestiones superestructurales y, más en general, el Espíritu de la época (Engels-Marx, 1846, p. 385).

La crisis, que hoy parece cada vez más irreversible, de los dos conceptos en correlación esencial de la acción y el trabajo (la *Arbeit* como modo fundamental de exteriorización del actuar humano, en el sentido tanto de la socialización como de la obra activa de transformación de la naturaleza circundante) debe ser, a este respecto, cuestionada de manera unitaria, sin perder por ello de vista que, como es obvio, se trata de dos figuras conceptuales diferentes y solo parcialmente superponibles. El ámbito de la *praxis* incluye el del trabajo, encontrando en él su propia dimensión fundamental: y esto no solo si se siguen las once *Thesen* marxianas sobre Feuerbach, en las que la acción y el proceso laboral se entrelazan con geometrías variables, sino también si se presta la debida atención a la lección de la *Phänomenologie* hegeliana, en la que, como es sabido, es cardinal la tesis según la cual «la conciencia se alcanza a sí misma *mediante el trabajo* (*durch die Arbeit*)». (Hegel, 1807, p. 289), o también la *Transzendentalphilosophie* fichteana, que en la *Arbeit* reconoce el ámbito basilar del surgimiento de la *Tätigkeit* sobre el plano de la relación social (Fichte, 1797a, p. 135). Por tanto, no se puede lograr una comprensión del significado del trabajo y su crisis actual si no se exploran en paralelo el concepto de la *praxis* y la crisis que parece hoy acompañarlo.

En particular, en las páginas siguientes, intentaré primero (§ 2) centrar la atención en la *apraxia* como característica destacada de la actual coyuntura (la desaparición de toda instancia práctica), para concentrar después la atención (§ 3) en la crisis del concepto mismo de trabajo, crisis que propongo interpretar no como un *signum prognosticum* de un inminente fin del capitalismo, sino como el cumplimiento de la lógica de la absolutización del capital tal como fue esbozada en *Das Kapital*. Por último (§ 4), intentaré, aunque solo sea a modo de apuntes y de modo necesariamente impresionista, mostrar que solo una reactivación de la *praxis* –entendida en el más amplio sentido del actuar– puede constituir una reacción al actual olvido del trabajo.

2. La *apraxia* contemporánea

El actual eclipse del *homo faber* puede lícitamente asumirse como uno de los rasgos fundamentales del horizonte de sentido de nuestro tiempo. Si la modernidad, con Pico, se había abierto con el descubrimiento del valor de la acción como libertad susceptible de elevar al hombre hasta Dios o de rebajarlo a la condición de las bestias, culminando en la concepción idealista del hombre como pura *Tätigkeit* –con Fichte, el hombre «*es eso que hace actuando, y si no actúa no es nada*» (Fichte,

1797a, p. 22)–, hoy asistimos a una contracción de la *praxis* que debe ponerse en relación –no menos que la paralela crisis del trabajo como fuente de valor– con las lógicas de desarrollo del cosmos de morfología capitalista. La proliferación hipertrófica de la ideología del *end of history* (Fukuyama, 1992, pp. 193 y ss.) –la omnipresente crítica de Fukuyama coexiste, paradójicamente, con la asimilación general, en sus rasgos fundamentales, de la tesis del «fin de la historia»– comporta, como lógico corolario, la asunción de la imposibilidad de trascender la condición actual, asumida programáticamente como cumplimiento de la aventura histórica occidental. El hacer de la praxis cede así el paso a la resignada contemplación de un mundo que ahora parece haberse estabilizado de forma definitiva y, por eso mismo, imposible de trascender.

En la misma onda de esta nueva formación ideológica –que se presenta imperiosa en la era que se simula como «post-ideológica»–, se restringe hasta desaparecer el ideal de acción dirigido a incidir sobre la estructura de la realidad en vista de su transformación, con aneja planificación de futuros alternativos; con una consecuencia decisiva, la vuelta del revés del programa marxiano: el mundo no debe ser cambiado, sino interpretado. De ahí la proliferación hipertrófica de la figura del *soportar el mundo*, variante postmoderna de la cartesiana moral provisoria y su prescripción de cambiar nuestros deseos en lugar de las simetrías de lo existente. Según la fórmula icástica de Sloterdijk, el mundo no debe ser *transformado*, sino *soportado* (Sloterdijk, 2009): y, en caso de disenso, es uno mismo el que debe cambiar (en palabras de Sloterdijk: *du mußt dein Leben ändern*).

Emblemática de este horizonte de sentido es la inversión que Odo Marquard ha hecho de la undécima de las *Thesen* marxianas: «*los filósofos solo han transformado el mundo de diferentes maneras, pero se trata de preservarlo*» (Marquard, 1973, p. 13). Tal inversión debe leerse conjuntamente con la de Sloterdijk y muchas otras del mismo tenor que caracterizan el actual paisaje postmoderno, todas ellas acomunadas por el doble presupuesto del *mantenimiento ilimitado del mundo tal-como-es* y del *exorcismo de toda posibilidad de transformación*. Con el léxico de Fichte, se trata de una inesperada venganza *ex post* del dogmatismo sobre el idealismo, de la inercia contemplativa sobre la práctica transformadora (Fichte, 1797b, p. 34). Con la gramática de la primera de las *Thesen* marxianas, el objeto deja de ser pensado como un *Gegenstand* fruto de la *praxis* y, como tal, siempre transformable, y comienza a ser concebido como un *Objekt*, como un dato que debe ser reflejado y, por tanto, preservado en su configuración actual (Marx, 1845, p. 533). La teoría de la *adaequatio rei et intellectus* contiene en sí misma una carga política de tipo adaptativo que trasciende los límites de la mera gnoseología: la adaptación de la mente del sujeto conocedor al objeto conocido, concebido como una realidad dada e independiente de nosotros, encuentra su equivalente político en la aceptación de lo existente, entendido como un mundo dado y, por ello mismo, sustraído de la obra de la *praxis*.

La misma demonización a la que se somete cada vez más el pensamiento de Marx coincide con el exorcismo de la posibilidad de la transformación del mundo, o incluso solo de la crítica de las contradicciones que contiene (Žižek, 2009, p. 147); todo ello en el marco de una nueva utilización del concepto mismo de ideología: ideología ya no es, en el lenguaje común, el reflejo de la realidad tal como es, su extensión mental *sub specie aeternitatis*, según la enseñanza marxiana, sino que es, por el contrario, *mutatis mutandis*, la posición de quien rechaza obstinadamente aceptar el mundo tal como es y/o hace valer una instancia crítica y anti-adaptativa. En este marco, la principal ideología de nuestro tiempo es la ininterrumpida *neutralización de la posibilidad de ser pensada de la categoría de la posibilidad de ser-diversamente respecto a cómo se es* (Zingari, 2000, p. 142), etiquetando –esta es la paradoja– como ideológica toda tentativa de este tipo. El primer mandamiento de la religión de la civilización de consumo –*¡no tendrás otra sociedad que no sea esta!*– no puede prescindir de este dispositivo ideológico de liquidación incondicionada de todas las ideologías en nombre de *la adhesión a la reali-*

dad y al *dato de hecho*, emblema de la cosificación de un cosmos reducido a cosa y de la inerte aceptación del mundo como una realidad ya-desde-siempre-dada: «la simplicidad y objetividad de las relaciones que elimina todo oropel ideológico entre los hombres se ha convertido ya en una ideología en función de la práctica de tratar a los hombres como cosas» (Adorno, 1951, p. 38).

La crisis del concepto de *praxis* que se encuentra por todos lados se despliega en el mismo momento en que el reino de la Técnica impone de modo ubicuo el código de la «movilización total» de un hacer que de la *praxis* tiene solo la apariencia y, a veces, el nombre: accionistas y acciones son hoy los nombres de los movimientos revueltos y descontrolados del mercado, con respecto a los cuales toda acción humana se hace cada vez más irrelevante. Convergente y simétrico con el eclipse del concepto de acción, en toda la rica gama de sus determinaciones, es el agotamiento de la categoría de posibilidades cantado *urbi et orbi* por las ideologías dominantes: el actuar encuentra en la dimensión de lo posible su *humus*, sin el cual no tendría sentido; con la gramática fichteana (Fichte, 1793, p. 56), el *Thun* se sostiene sobre la modalidad ontológica del «poder ser diversamente» (*Andersseinkönnen*). El anuncio –preñado de ideología– de la intransformabilidad del mundo constituye la más persuasiva ideología de la que se sustancia el capitalismo, del que nosotros, presidiarios del presente, somos habitantes: el capitalismo no aspira más que a mantenerse como tal eternamente, actuando por tanto a nivel imaginativo, con un doble y simétrico movimiento de *eternización del presente* y de *desertización del futuro* (Augé, 1992, p. 105), a fin de conjurar preventivamente (mediante la criminalización apriorística de toda pasión transformadora) la eventualidad de un futuro alternativo.

El capitalismo asume por esta vía la consistencia ontológica de la naturaleza: lo que está social e históricamente determinado, siendo el resultado de la *praxis* humana objetivada, se asume como *natural* y, por lo tanto, como ya-dado-desde-siempre. Estas son las prestaciones naturalizantes de la falsa conciencia de la *ideología* (Marx, 1846, p. 389). Restituir lo histórico y lo social a lo natural equivale a fatalizarlos, es decir, a substraerlos a las dos instancias secretamente complementarias de posible transformación por obra de la *praxis* y de la crítica: a diferencia del ámbito histórico y social, el natural, en efecto, no es criticable ni verdaderamente transformable, solo puede ser objeto de contemplación, y constituye por tanto el terreno ideal sobre el que hacer deslizar el hacer de la *praxis* al «dejar ser» de la resignada visión de quien soporta el mundo sobre la base del presupuesto dogmático de que este no puede ser otra cosa que lo que es. Prueba de ello es, por lo demás, que las leyes de las finanzas valen hoy para los hombres como una *necesidad natural* y los mismos movimientos del mercado, imprevisibles como los terremotos, se abaten sobre la sociedad con la misma inevitabilidad que las catástrofes naturales (Angela, 2001, p. 24).

La retórica del carácter inmodificable del mundo acaba siempre por hacerlo tal, según una mortal dialéctica para la que el fatalismo del espectador desencantado hace fatal la morfología de la realidad, en coherencia con la génesis de aquel *homo videns* que, manipulado por los *mass-media* y reducido a mero espectador, observa pasivamente la realidad y se conforma a ella. A diferencia de la naturaleza, que encuentra en la necesidad su propia modalidad ontológica fundamental, la historia coincide con el espacio abierto de posibilidades y, por tanto, de la posibilidad de programar configuraciones de lo existente, alternativas a las vigentes. Historicizar la realidad significa, en consecuencia, mostrar su génesis, su carácter temporal y socialmente determinado y, por tanto, desestructurar los dispositivos fatalizantes de la ideología y de su correlato esencial que es la mística de la necesidad. La realidad tal como es –este es el corolario de la perspectiva histórica– no existe en modo natural e intransformable, según la retórica que se extiende preñada de presente, sino que es, por el contrario, el resultado de un proceso histórico o, si se quiere también, de las concretas objetivaciones de la *praxis* humana cristalizada y hecha mundo (Zingari, 2000, pp. 28 y ss.).

En el marco de la que se ha definido, no sin razón, como la «era de las pasiones tristes» (Benasayag - Schmit, 2003, p. 189), en la que cinismo, oportunismo, la desilusión e indiferencia colorean las tonalidades político-emotivas hegemónicas, el presente se vive con la preocupación de quien está condenado a la impotencia ante los cambios globales imprevisibles e ingobernables. El *precariado* no es solo una forma de trabajo: es, más bien, la clave global de nuestro tiempo histórico, en el que vulnerabilidad, precariedad e inseguridad reinan incontestadas en todas partes (Beck, 1986, p. 172). La nueva configuración social y económica del mercado globalizado se caracteriza por la flexibilidad en el suministro de mano de obra y la precariedad de las formas de existencia, a las que la industria cultural del posmodernismo confiere el aura seductora de la multiplicidad de los estilos de vida y el abandono de los tradicionalismos más triviales (Bauman, 2008, pág. 85).

En este escenario el ideal de una acción transformadora capaz de incidir íntimamente sobre lo existente y racionalizarlo –el marxiano sueño despierto del *philosophisch-Werden-der-Welt* (Marx, 1841, p. 223)– cede el paso al resignado cinismo de quien vive el capitalismo como imperfecto y, al mismo tiempo, como imposible de enmendar. Del hombre como ente *tätig* se pasa así al hombre como *res* inerte, como cosa entre las cosas. Es el cumplimiento de aquella dinámica de *Verdinglichung* co-originaria al modo de producción capitalista.

3. ¿Fin del trabajo?

En su conjunto, la aventura histórica de la humanidad se presenta como una secuencia de objetivaciones y de sus superaciones, en cuyo ritmo dinámico se vienen desarrollando los pensamientos, los deseos, las ideas y las representaciones: el *trabajo* y la *praxis* constituyen un endíadis que permite comprender en qué sentido la realidad nunca es una «cosa en sí», sino que asume siempre el estatus de objetivación del sujeto (la humanidad pensada como un solo *Ich*), de su obrar transformador que modifica la naturaleza con el trabajo y la sociedad con la *praxis*. El objeto nunca se da en forma pura, como simple presencia, siendo siempre el resultado de la acción humana tal como se despliega en el ritmo de la historia. Como se ha sugerido (Balibar, 1993, p. 82), Marx ha declinado esta dúplice instancia de acción (la *Praxis* y la *Arbeit*) en las dos formas, ampliamente complementarias, de la ontología de la producción de la *Deutsche Ideologie* (Marx, 1846, pp. 394 ss.) y la ontología de la práctica de las once *Thesen* (Marx, 1845, p. 353), declinando en clave materialista el gran tema del idealismo alemán, aquel «lado activo» (*tätige Seite*) recordado en la primera de las tesis sobre Feuerbach.

Al igual que para el idealismo fichteano no existe nunca un objeto si no es a través de la acción del sujeto que lo plantea ante sí contraponiéndolo, para Marx jamás se da un mundo histórico o social ni tampoco una naturaleza que no sea el resultado de la acción del sujeto que la plantea o modifica. El trabajo se convierte entonces en el proceso de mediación entre hombre y naturaleza y, más precisamente, de la antropización de la *Natur* como rasgo distintivo del hombre (Schmidt, 1969, p. 182). De aquí, precisamente, el límite del «materialismo de lo dado» de Feuerbach, que «no se percata de que la realidad sensible circundante no es un algo dado de manera inmediata desde la eternidad, siempre idéntico a sí mismo» (Marx, 1846, p. 383), sino que es más bien «un resultado histórico, el resultado del operar de toda una secuencia de generaciones» (ibíd.); con la consecuencia de que toda la realidad es el resultado histórico del trabajo humano y una naturaleza en sí misma no existe en ninguna parte, excepción hecha, quizás, de «alguna isla coralina formada en tiempos recientes» (Marx, 1846, p. 383). No se da nunca para el género humano, una naturaleza no mediada por el trabajo y, por tanto, una vez más, un objeto no mediado por el sujeto: la naturaleza es siempre el «resultado de lo operar» (*Resultat der Tätig-*

keit) de los hombres que viven en sociedad (Marx, 1846, p. 383).

En una tal perspectiva, en la que *praxis* y trabajo se manifiestan como dos diversos modos de la dimensión unitaria del actuar humano, no sorprende que la crisis arrolle a ambos y se configure precisamente, por así decirlo, como una general *crisis de la acción*. El actual mundo de morfología capitalista está, en efecto, viviendo una crisis sumamente profunda e intensa de las formas tradicionales de trabajo que lo habían caracterizado hasta tiempos muy recientes. El trabajo, con el mito del productivismo febril que había acompañado las aventuras modernas de la burguesía, parece hoy, por absurdo que pueda parecer a primera vista, perder peso hasta hacerse marginal y, además, inesencial para las lógicas del desarrollo capitalista. La paradoja es meridiana: el trabajo como fundamento real de la producción capitalista, como clave para descifrar «el arcano (*Geheimnis*) de la factura de plusvalía» (Marx, 1867, p. 208), parece haber entrado en una crisis irreversible precisamente cuando el capitalismo globalizado celebra sus fastos; es decir, precisamente cuando el sistema de producción capitalista parece haber llevado a término su movimiento de absolutización de la forma mercancía –ya identificado por *Das Kapital* (Marx, 1867, p. 152) como secreta teleología de *kapitalistische Produktionsweise*– en las dos direcciones complementarias de *extensión* (la globalización como proyección a escala mundial del código de la forma mercancía) e *intensidad* (la saturación por parte de la forma mercancía de todo ámbito simbólico-imaginativo), llegando, por tanto, a asumir una forma absoluta y totalitaria (Fusaro, 2012, pp. 380 y ss.).

Que el «mundo dentro del capital» (Sloterdijk, 2005, p. 67) deba estructuralmente abandonar la instancia praxística como base de una posible transformación de lo existente, es meridiano, por las razones precedentemente evocadas; problemático, por no decir contradictorio, puede en cambio aparecer, a primera vista, el hecho de que el capital se libere de trabajo, siendo este último –en la forma de la *Mehrarbeit*– su fundamento último. El capitalismo es por su esencia –como se sostiene en *Das Kapital*– «productor del trabajo de los demás», «bombeador de plusvalía» y «explotador de la fuerza de trabajo» (Marx, 1867, p. 348). ¿Cómo puede, en consecuencia, sobrevivir sin su elemento fundador, el trabajo humano como base ineludible de valor? ¿No es quizás cierto que el ideal del «fin del trabajo» (Rifkin, 1995, p. 102) siempre ha coincidido con el del fin del capitalismo? Es en esta paradoja en la que es preciso centrar la atención.

El modo de producción capitalista se presenta cada vez más, en antítesis con sus premisas, como una mera «valorización del valor» no mediada ya por el proceso de trabajo, según una dinámica completamente inmanente a la propia lógica del crecimiento desmesurado del valor como fin en sí mismo: de la valorización mediada por el trabajo como fuente secreta –porque una y otra vez ocultada por los rendimientos engañosos de la forma mercancía– de la *ungeheure Warensammlung* (Marx, 1867, p. 53), según la fórmula D-M-D1, que, siguiendo a *Das Kapital*, caracteriza estructuralmente al capitalismo, hemos pasado con demasiada desenvoltura, en tiempos más recientes, al puro *movimiento financiero*, disuelto por los propios procesos de producción, del crecimiento autorreferencial del capital sobre sí mismo: D-D1-D2-D3… El trámite de la producción y, por lo tanto, del rendimiento laboral, parece en estos momentos cada vez más superfluo.

Esto no implica ciertamente el fin del capitalismo, si por capitalismo entendemos, siguiendo la estela de Marx, el movimiento de ilimitada valorización del valor, el «mal infinito» del crecimiento desmesurado y como fin en sí mismo del beneficio. Se lee en *Das Kapital*:

«El impulso a atesorar carece por naturaleza de medida. El dinero carece *cualitativamente*, es decir, según su forma de límites; este es representante general de la riqueza material, porque es inmediatamente convertible en cualquier mercancía. Pero al mismo tiempo toda suma real de dinero está limitada *cuantitativamente* y, por tanto, también es solo un medio de adquisición de eficacia limitada. Esta contradicción entre el límite cuantitativo y la ilimitación cualitativa del dinero empuja una y otra vez al acaparador de dinero al trabajo de Sísifo de la *acumulación*. El acaparador de dinero es como el conquistador del mundo: la conquista de un nuevo país es solo la conquista de una nueva frontera» (Marx, 1867, p. 148).

Es más, podríamos decir que el actual capitalismo financiero, a pesar de su carácter proteiforme y difícilmente representable en el plano conceptual, se plantea, en forma ciertamente paradójica, como coherente desarrollo de la lógica inmanente identificada por Marx como la clave del mundo moderno de la producción: ¿no es quizás verdad que, siguiendo a *Das Kapital*, la secreta dinámica del capitalismo es la de una absolutización cada vez más masiva y, por tanto, la de su autorreferencialidad cada vez más acentuada? La tesis Francis Wheen (Wheen, 2000, p. 123), según la cual el *Hauptwerk* marxiano podría ser fecundamente interpretado como una *novela gótica*, al modo del *Frankenstein* de Mary Shelley, me parece que, al menos en parte, da en el blanco. Según Wheen, en efecto, *Das Kapital* presentaría una estructura narrativa centrada en una idea fundamental, de la que el texto en su conjunto constituye su desarrollo: los protagonistas están esclavizados por un monstruo que ellos mismos han creado.

En el caso de *Das Kapital*, el protagonista es la humanidad como tal y el monstruo terrorífico por el que está dominado debe ser identificado directamente con el capital, que según la propia admisión de Marx –en una cita de Fausto (I, v. 2126)– es un monstruo que actúa «como si tuviera amor en su cuerpo» (*als hätte sie Lieb im Leibe*). Y, en efecto, el paisaje capitalista, como lo esboza *Das Kapital* (Marx, 1867, p. 172), es una realidad en la que «los muertos dominan a los vivos», en la que los productos del trabajo humano se autonomizan y se enseñorean de sus creadores (la teoría del fetichismo de la forma mercancía no es sino la reescritura filosófica de este principio gótico). De aquí la fisonomía del paisaje capitalista como un «mundo embrujado y al revés» –como se lee en el tercer libro de *Das Kapital* (Marx, 1893, p. 940)–, en el que los hombres, merced a un extraño sortilegio, producen sin tregua, pero sin saber por qué lo hacen; en el que el capital es un «vampiro» sediento de la sangre viva del trabajo o, incluso, un «hombre lobo» voraz de plusvalía; y en el que las mercancías, estas cosas «sensiblemente supra-sensibles» y llenas de «caprichos teológicos», se transforman en realidades vivas que danzan y transforman en entes muertos, en fantasmas, a quien las ha producido.

La lógica secreta del capital como movimiento de siempre creciente autonomía se despliega primero en la forma del uso de individuos como *Charaktermasken*

(Marx, 1867, p. 189), es decir, como personajes de un espectáculo orquestado por la misma «astucia de producción»: convergiendo con la hegeliana *List der Vernunft*, crea en ellos la ilusión de ser libres, cuando en realidad actúan como peones teledirigidos y sujetos al movimiento de la *Verwertung des Werts* (los propios capitalistas –nos enseña *Das Kapital*– son esclavos de la producción capitalista); en segundo lugar –¡*de nobis fabula narratur*!– toma la forma de un proceso autonomizado hasta tal punto que puede tener lugar sin siquiera tener que recurrir directamente a la mediación del trabajo humano.

La forma de capitalismo financiero actual señala el cumplimiento de este inmanente proceso de desarrollo de la lógica del capital. La autonomización, co-originaria a la lógica de desarrollo del código capitalista, se consuma en la forma de una absolutización del capital: este último es *ab-solutus* en la medida en que se libera completamente de todos los límites (morales, religiosos, etc.) y en tanto que es cada vez más autónomo, cada vez menos dependiente de la mediación del trabajo humano. El capital puede, por esta vía, manifestarse de forma plenamente cumplida como el sucesor lógico e histórico de la teología: el Absoluto se transfiere desde una *unidad externa* (que debe legitimar de forma trascendente la jerarquía de la sociedad) a una *unidad interna* que justifica de manera inmanente la acumulación ilimitada de capital, *etsi Deus non daretur* (Franchini - Perticari, 2011, p. 92).

De aquí se origina una inédita visión del mundo que simula ser aséptica, secular, anodina y puramente económica, pero que es en realidad una posición de una elevadísima tasa ideológica y religiosa porque «vincula» (*religat*, según la etimología original de la palabra *religión*) todos los hombres del planeta a la omnipotencia de un único principio rector de la totalidad de las relaciones sociales fetichizadas, el mercado, desbancando la tradicional dicotomía dominante –codificada por Marx– entre trabajadores y explotadores e imponiendo la única identidad del *homo consumens*. Si se lee con transparencia, el relativismo postmoderno indica que todo está ahora en relación únicamente al poder adquisitivo del *homo consumens*, en una integral reducción de la identidad del hombre a un mero consumidor.

En este sentido, una vez más, la inconfesable forma religiosa de la que se sustancia el sistema global es aquella inmanente de la eternidad, de la inexorabilidad e inmodificabilidad del capitalismo mismo como destino, con la adjunta centralidad «robinsoniana» del individualismo absoluto (Žižek, 2009, p. 183). En este escenario, el trabajo humano como fuente del valor tiende él mismo a hacerse cada vez más superfluo y, al mismo tiempo, allí donde sobrevive, a asumir formas que, siendo todo menos idílicas, tienden a presentar de manera paroxística las características de la explotación denunciadas en *Das Kapital*. Allí donde el trabajo todavía subsiste emerge de la manera más nítida lo que Marx subrayó en su época: el capital, hoy más que ayer, es una «*relación de coerción* destinada a exprimir plusvalía» (Marx, 1867, p. 321) del trabajo asalariado y cuya especificidad radica en ser una «relación que no se basa en ningún vínculo de señorío y dependencia personal, sino que nace únicamente de la diversificación de las funciones económicas» (Marx, 1867, p. 322); lo que equivale a decir que en la esclavitud instaurada por el capitalismo se han eliminado «de las relaciones de explotación todas las incrustaciones patriarcales, políticas o incluso religiosas del pasado» (Marx, 1867, p. 323).

Aquí nace lo que Marx define como la «servidumbre económica» (*ökonomische Hörigkeit*) en su forma más pura, porque está desvinculada de cualquier otra forma de sometimiento: el trabajo se convierte en la actividad que alimenta un dominio desprovisto de connotaciones jurídicas y políticas, que se reproduce y se conserva en virtud de la constricción anónima ejercida por un mecanismo exclusivamente económico y la diversificación de las funciones de los individuos. El «ejército industrial de reserva» ha aumentado hoy inconmensurablemente respecto a los tiempos en los que Marx escribía y esto es así mientras el capital parece encontrar cada vez menos su fuente de valorización en el trabajo: «esclavos del salario» hoy en día no son solo los trabajadores, sino también todas esas figuras precarias –desde los *call centers* hasta los cuidadores– que son obligados diariamente por su condición económica a venderse al capital. La *libertad formal* de la que gozan –y que el capitalismo, ayer como hoy, simula como libertad *tout court*– esconde un sometimiento económico oculto por la «ficción jurídica» (*fictio juris*) del contrato de trabajo. Desde este enfoque, la compraventa de la fuerza de trabajo sigue siendo, para el trabajador, solo la «*forma mediadora* de su *sometimiento al capital (Unterjochung unter das Kapital)*» (Marx, 1867, p. 356), una forma que oculta la *sustancia real*, en la medida en que «*enmascara* (*vertuscht*) como pura relación monetaria la verdadera transacción y aquella *dependencia* que la mediación de la compraventa renueva continuamente» (Marx, 1867, p. 329). En efecto, solo formalmente el *Arbeiter* puede elegir si entra o no en la relación de intercambio y su libertad ilusoria se vuelve a encontrar ante la posibilidad de elegir venderse a *este* capitalista en lugar de a *aquel otro*, llegando a encontrarse en la condición de esclavo de la clase de los capitalistas.

4. Redescubrir la praxis para desfatalizar lo existente

En el actual desierto posmoderno, lo que más falta es una *ontología de la praxis* capaz de desempeñar el papel de *rememorización de la categoría de la posibilidad*, cambiando el coeficiente de inevitabilidad del capitalismo absoluto. El «ser-según-posibilidad» es la tela con la que está entretejido lo real –lo existente se da porque ha sido posible (*esse sequitur posse*)– y, en consecuencia, se da siempre la oportunidad de «ser diferente-a-como-se-es», de reprogramar la sintaxis del mundo en vista de su racionalización, cuando también, como sucede hoy, se proclama ubicuamente intransformable.

De ahí, precisamente, la necesidad de despedirse de las fascinantes seducciones del «fatalismo histórico» y la *apraxia* contemplativa. Solo reformulando una filosofía de la *praxis* a la altura de los tiempos –que todavía falta– resulta posible reabrir sobre el plano temporal el horizonte del *futuro* como lugar de colonización mediante proyectos emancipadores, recuperando, sobre el plano ontológico, la modalidad de la *posibilidad* como la virtualidad de ser distinto de cómo se es. Como recuerda Gramsci, el fatalismo –declinación política del mecanicismo– «es un "acto de fe" en la racionalidad de la historia, que se transforma en un finalismo apasionado que sustituye a la "predestinación", la "providencia", etc. de la fe» (Gramsci, 1975, p. 1864), degradando al hombre a espectador de la historia en vez de su libre actor. Solo redescubriendo la *praxis* es posible redescubrir el trabajo, es decir, su manifestación más auténtica.

Se trata, precisamente, de redescubrir lo que el *hombre sin atributos* de Robert Musil llama *Möglichkeitssinn*, el «sentido de la posibilidad»:

«Pero si el sentido de la realidad existe, y nadie puede dudar de que su existencia esté justificada, entonces debe existir también algo que llamaremos *sentido de la posibilidad*. Quien lo posee no dice, por ejemplo: aquí ha sucedido esto o aquello, sucederá, debe suceder; pero imagina: aquí podría, o debería suceder, tal o cual cosa; y si se le dice que una cosa es como es, piensa: ¡bah!, probablemente también podría ser diferente. Por lo tanto, el sentido de posibilidad también podría definirse como la capacidad de pensar todo lo que podría ser y no dar más importancia a lo que es, que a lo que no es» (Musil, I, pp. 12-13).

La prosa terrible de la cosificación global del sistema de mercado se basa en la aniquilación de la posibilidad, simulándose a sí misma como destino intrascendible (transformando ideológicamente en *Objekt* el *Gegenstand* histórico-social). Cuando no es directamente loado como la mejor forma de existencia por las *oportunidades* que ofrece al individuo desarraigado, el cosmos capitalista convence a las mentes de sus pobladores de su propia naturaleza fatal, neutralizando la posibilidad de proyectar alternativas y presentándose como la única sociedad posible en la era del «fin de la historia» (Fukuyama), del agotamiento de las «grandes narrativas» (Lyotard), de la disolución de la idea misma de la verdad (Rorty), de la imposición de un insuperable «dispositivo» técnico planetario (Heidegger) o del ineliminable estado de derecho y de la economía de mercado (Habermas).

Es en este «desierto de la abstracción», como lo llamaba Adorno, donde la filosofía de hoy no ha dejado de resbalar, sin llegar a ser capaz de agarrar la realidad y aferrar lo concreto. Por lo demás, no es suficiente en la actual coyuntura, con la adorniana teoría crítica de la totalidad disgregada: lo que se necesita es un suplemento de *praxis*, que conjugue las «armas de la crítica» con la energía de la transformación, reactivando el nexo saber-actuar codificado de forma convergente por Fichte y Marx.

Contra el pretendido carácter definitivo de lo existente, la conciencia infeliz del fracasado ceder a la *Anpassung*, si no quiere capitular ante la apologética indirecta, debe incorporar siempre la *praxis* en el seno de la teoría como su *posibilidad real*, como lugar de llevar a la realidad la propia teoría a través de la labor de crear la armonía entre sujeto y objeto (la verdad como cuestión práctica, parafraseando las *Thesen* marxianas): ayer como hoy, si para el dogmatismo tal armonía debe instaurarse en la forma de una adaptación del primero al segundo (según la figura, hoy dominante, del soportar el mundo), para el idealismo tiene que desplegarse como conformación del objeto al sujeto, en forma de la libre *racionalización de un cosmos todavía no racional*. En palabras del *Bestimmung des Gelehrten* del Fichte de 1794, «la realidad deberá ser juzgada a partir de los ideales y modificada por aquellos que se sientan capaces de hacerlo» (Fichte, 1794, p. 5).

GRAMSCI, DISCÍPULO DE CROCE. CONTRIBUCIÓN A UNA RELECTURA

«Ningún sistema filosófico es definitivo, porque la vida nunca es definitiva»
(B. Croce, *Filosofía de la Práctica. Economía y Ética*)

1. El pensamiento italiano como pensamiento histórico

La posibilidad de identificar un *quid proprium* del pensamiento italiano no es exactamente un tema original, si consideramos que ya estaba en el centro de la reflexión de Bertrando Spaventa (*La filosofia italiana nelle sue relazioni con la filosofia europea*, 1862) y, más tarde, de Giovanni Gentile (*Il pensiero italiano del Rinascimento*, 1940).

Es mérito de Roberto Esposito haber vuelto a plantear recientemente la cuestión con su estudio *Pensiero vivente: origini e attualità della filosofia italiana* (2010); una cuestión a la que, como es sabido, propone una respuesta que, si bien por un lado presenta la ventaja de reconducir, si bien elásticamente, la multiplicidad de categorías y autores de la tradición italiana a un denominador común, por otro lado, parece digna de ser tratada por la solución teórica concreta que esboza.

Esposito, en efecto, identifica en el resbaladizo y difícilmente circunscribible plexo teórico ligado a la «vida» la peculiaridad del pensar italiano, que, en su opinión, sería, desde Vico a Maquiavelo y desde Pico a Gramsci, un pensamiento de trauma y del conflicto, atento a la dimensión de la concreción de lo vivido más que a las grandes cuestiones metafísicas sobre las que otras tradiciones culturales nacionales habrían centrado su atención de forma, si no exclusiva, ciertamente hegemónica.

Tras el tratamiento de Esposito, la clave del pensamiento italiano puede verse en la categoría –tan densa como opaca– de la vida, entendida a su vez en un sentido amplio y generoso como lugar de historicidad y conflicto, de la política y de la concreción social.

No, como se ha dicho más arriba, las grandes cuestiones metafísicas vinculadas a las verdades eternas y al orden formal de la representación desencarnada, sino las más concretas cuestiones intrínsecamente relacionadas con la inmanencia y con la comunidad humana, con el antagonismo en todas sus formas y con el devenir histórico trazarían el horizonte de significado del pensar italiano desde su mirada originaria, es decir, desde la reflexión –centrada en la historicidad y la inmanencia– de Gioacchino da Fiore.

La tesis de Esposito puede, en nuestra opinión, ser aceptada y, además, revelarse heurísticamente fecunda, siempre que se determine de otra manera la evasiva categoría de la vida, concibiéndola más específicamente como historicidad.

En toda latitud y en toda fase, el pensamiento italiano, en otras palabras, presenta como su propio constante *quid proprium* el elemento de la historicidad, sin el cual no podría ser entendido. En su acepción más amplia de devenir concreto, el pensar histórico, en todas sus formas y declinaciones (desde Gioacchino da Fiore a Gramsci hasta la misma *italian theory* de Esposito y el pensamiento hermenéutico italiano), ha venido asumiendo la dimensión de la historicidad como terreno indispensable para la consideración y la práctica de la filosofía.

La misma reflexión de Benedetto Croce, como sea que uno quiera entenderla y juzgarla, se sitúa en esta línea. Hasta tal punto que la *vexata quaestio* acerca de la naturaleza específica de la reflexión crociana podría resolverse legítimamente a través de la categoría de pensar histórico.

Es el propio Croce, por lo demás, quien identifica en el pensar históricamente la clave del pensar italiano a partir de Vico. En las páginas de la *Filosofia de Giambattista Vico* (1911)[70], «la reverencia que se debe al gran nombre de Vico» está relacionada con el hecho de haber iniciado en el área italiana la tradición de la «ciencia nueva» del conocimiento histórico.

A diferencia de Descartes y de valoración exclusiva del *certum*, Vico hace reentrar en el espacio del saber también la dimensión histórica, si bien dentro de un marco subjetivista que es él mismo tributario de la concepción cartesiana: «El cartesianismo rehuía con horror el bosque salvaje; y Vico se internaba con ansia precisamente en aquella parte de la historia en la que, por así decirlo, es más fuerte el rumor de la historicidad»[71], que

[70] B. Croce, *La filosofia di Giambattista Vico* (1911), Laterza, Bari 1965, p. 7.
[71] Ivi, p. 49.

es asumida por el propio Croce como fundamento de su propia filosofía.

El sistema crociano se presenta, en efecto, como paradigmático de aquel pensar históricamente que hace de constante horizonte a la cultura italiana concebida en su sentido más amplio. En tal horizonte entra con pleno derecho también la reflexión de Gramsci, en cuya génesis el idealismo de Croce desarrolló un papel de primer orden.

2. Los espectros de Croce en la obra de Gramsci

Sobre cuánto haya incidido la filosofía de Benedetto Croce en la génesis del camino específico de Antonio Gramsci hacia el marxismo se ha insistido *ad abundantiam* en el pasado, así como en los tiempos recientes. Hasta tal punto que, sin tener la pretensión de volver a recorrer en esta sede un debate y una bibliografía casi inacabables, se podría decir que sin la contribución de la filosofía crociana, Gramsci no habría podido elaborar su propia declinación original del marxismo, con todas las especificidades que la caracterizan, desde la categoría de hegemonía hasta la valorización del hecho cultural.

En las páginas siguientes, quisiera tratar de recorrer, como es natural sin pretensión alguna de exhaustividad, la importancia y presencia de Benedetto Croce en *los Quaderni del Carcere,* mostrando cómo desarrolla para Gramsci una función similar en muchos aspectos a la desarrollada para Marx por Hegel.

Como es sabido, la que Gentile presentó triunfalmente como una reforma de Hegel es para Gramsci «un paso atrás» [Q 1317], un paso hacia «una reforma "reaccionaria"» [Q 1317], que ha privado a Hegel de su parte más realista y «lo ha hecho más abstracto» [Q 1317]: ha terminado –según las acusaciones hechas precisamente a Croce en el *Anticroce*[72]– por domesticarlo y mutilarlo. Esta es la acusación que Gramsci hace tanto a Croce como a Gentile.

La acusación dirigida contra el neoidealismo es a un mismo tiempo filosófica y política. Aunque en formas diferentes y mutuamente irreductibles más allá de todo isomorfismo, para Gramsci, Croce y Gentile han anestesiado la carga antiadaptativa y revolucionaria de la dialéctica hegeliana, reconfigurándola, de manera en abso-

---

[72] Cfr. E. G. Caserta, «*Croce and Gramsci: Some Reflections on their Relationship*», en *Quaderni d'Italianistica*, n. 2 (1984), pp. 204-216.

luto neutra, como base para la «revolución pasiva» y para la preservación de lo existente[73].

Han desvitalizado la carga revolucionaria, realista e historicista que, por el contrario, ha sido mérito de Marx desarrollar y situar como fundamento de la filosofía de la *praxis*: de aquí la necesidad, en el orden del día de los *Quaderni*, de «una concepción más concretamente historicista de la filosofía, lo que solo puede suceder en la filosofía de la praxis» [Q 1399]. En los *Quaderni*, en referencia a las posiciones de Croce y Gentile se lee:

«¿No han hecho más abstracto a Hegel? ¿No han extirpado su parte más realista e historicista? ¿Y no es, por el contrario, que de esta parte solo la filosofía de la praxis es, dentro de ciertos límites, una reforma y una superación?» [Q 1317].

Asumiendo implícitamente posición contra la dialéctica actualista, Gramsci sostiene abiertamente que únicamente la filosofía de la *praxis* se ha presentado como reforma del hegelianismo, superado y concretizado en la forma de historicismo inmanentista[74].

---

[73] Cfr. J. Mena, *El concepto de Revolución Pasiva: una lectura a los «Cuadernos de la Cárcel»*, Universidad Autónoma de Puebla, Puebla 1984.

[74] Cfr. J. Rodríguez-Lores, *Die Grundstruktur des Marxismus: Gramsci und die Philosophie der Praxis*, Makol, Frankfurt a. M. 1971.

Gramsci puede así, entre líneas, presentar su propia contribución original al marxismo como una nueva síntesis del materialismo y el espiritualismo ya dialectizados por Hegel y Marx, superando la visión unilateral tanto del marxismo mecanicista como del neoidealismo crociano y gentiliano.

Si «de la crítica del hegelianismo nacen el idealismo moderno y la filosofía de la praxis» [Q 1826], el neoidealismo italiano marca una regresión, un retorno indebido a una visión en la que la historia aparece exclusivamente en forma teológica y especulativa. Solo con la filosofía de la *praxis* como prosecución de la filosofía de Marx, el hegelianismo se realiza en el historicismo inmanentista.

La exigencia de Gramsci es, por tanto, ante todo superar el neoidealismo para empezar de nuevo directamente desde Hegel y Marx. En particular, al igual como Marx ha superado y ha concretizado a Hegel, Gramsci, en los *Quaderni*, puede superar y concretizar a Gentile y Croce.

Depurada de sus incrustaciones vulgarmente materialistas y de los residuos metafísicos que aún alberga el hegelianismo, la filosofía de la *praxis* puede de este modo presentarse como «la filosofía del acto (*praxis*), pero no del "acto puro", sino del acto "impuro", es decir, real en el sentido profano de la palabra» [Q 455], esto es, de tal modo que adquiera sentido y realidad en la coyuntura en la que se inserta y a partir de las exigencias que pretende cumplir, como un acto práctico que actúa concretamente en la sociedad.

La referencia al acto puro casi siempre ha sido entendida como una remisión crítica al actualismo de Gentile. Sin embargo, también se podría concebir verosímilmente como una referencia en contraposición a Croce, quien, como sabemos, en el *Breviario di estetica* (1912) –un texto que Gramsci tenía a su disposición en prisión– definía el espíritu, el verdadero Absoluto, como *actus purus*.

Desde este punto de vista, parece posible sostener que Marx está en relación con Hegel, como Gramsci lo está con Croce[75]: los dos teóricos de la filosofía Praxis han superado y concretizado a sus respectivos predecesores, historicizando su pensamiento de una manera puramente humanista e inmanente. Marx hace suya, historicizándola, la identidad sujeto-objetiva de Hegel, al igual que Gramsci asimila, redeclinándola sobre el plano de la «impura» inmanencia histórica, la concepción crociana de aquella identidad como devenir absoluto historicísticamente declinado.

---

[75] Hemos desarrollado extensamente este núcleo temático en nuestro *Antonio Gramsci. La passione di essere nel mondo*, Feltrinelli, Milán 2015, cap. VII.

El historicismo absoluto de la *praxis* que coloca en relación dinámica y biunívoca al Sujeto y al Objeto, la humanidad y sus objetivaciones, asume en los *Quaderni* el estatus de solución y superación de la dialéctica de Hegel y, al mismo tiempo, de la de Gentile.

En esta perspectiva, según uno de los temas que atraviesan diagonalmente los *Quaderni* y que constituye, si bien dentro de ciertos límites, un punto de tangencia con las perspectivas de Croce y Gentile, el inmanentismo hegeliano trasciende dialécticamente las religiones de la trascendencia[76].

Ya en el texto juvenil sobre *Il Sillabo e Hegel*, aparecido en *Il Grido del Popolo* el 15 de enero de 1916, Gramsci había esbozado los contornos de este nudo teórico, mostrando cómo, con el pensador de Stuttgart, la trascendencia había sido superada definitivamente en la inmanencia historicista: «Hegel es la vida del pensamiento que no conoce límites y se presenta a sí mismo como algo pasajero, superable, siempre renovándose en función de la historia»[77].

---

[76] Cfr. especialmente T. La Rocca, *Gramsci e la religione*, Queriniana, Brescia 1981.

[77] A. Gramsci, *Il Sillabo e Hegel*, en *Il Grido del Popolo*, 15 gennaio 1916; ahora en Id., *Cronache torinesi (1013-1917)*, edición di S. Caprioglio, Einaudi, Turín 1980, pp. 69-72.

La inmanencia reemplaza a la trascendencia, la filosofía como saber histórico re-ocupa el espacio de la religión y la voluntad activa desposee a la fe pasiva. Por ello, como escribió Gramsci el 29 de agosto de 1916, «nuestra religión vuelve a ser Historia, nuestra fe vuelve a ser el hombre y su voluntad y actividad»[78].

La lectura de Hegel como historicista absoluto revela de una manera, en modo alguno marginal, la centralidad de Croce, de cuya interpretación del hegelianismo Gramsci depende -también en los *Quaderni*, si bien menos visiblemente- de una manera tanto más evidente cuanto más disimulada.

En resumen, en palabras de Antimo Negri, Gramsci «sigue siendo un idealista insatisfecho»[79], que elabora, sobre la base de un idealismo subjetivo con fuertes tintes crocianos, una forma de marxismo idealista y una relectura idealista de Marx[80]; relectura que, a juicio de algunos, precisamente por su curvatura idealista, plan-

---

[78] ID., «*La storia*», en *L'Ordine Nuovo*, 29 agosto 1916; ahora en ID., *Cronache torinesi: 1913-1917*, cit., pp. 513-514.

[79] A. Negri, *Giovanni Gentile*, La Nuova Italia, 1975, 2 vol., II, p. 25.

[80] Badaloni sostiene que Gramsci lee a Marx y al marxismo a través de la «fusión de sus relevantes manifestaciones históricas (Labriola, Sorel, Lenin)»: N. Badaloni, *Il marxismo di Gramsci. Dal mito alla ricomposizione politica*, Einaudi, Turín 1975, p. 186.

tearía el problema de la propia posibilidad de clasificar a Gramsci como marxista[81].

El concepto de *praxis*, del incesante devenir de la realidad entendida como resultado del actuar y de la historicidad, es un tema que Gramsci metaboliza a partir de las *Thesen* marxianas, pero después también de la filosofía de Croce, que, como se ha visto, revela en su propia elaboración una incidencia de Marx tanto más evidente cuanto más repudiada: de acuerdo con la perspectiva crociana, en efecto, «ningún sistema filosófico es definitivo, porque la Vida, nunca es definitiva»[82]. Lejos de tratar con cuestiones metafísicas abstractas, la filosofía tiene como objeto la vida misma, el devenir en su incesante desarrollo. También para Gramsci, como para Croce, «la historia, por lo tanto, no es obra del Destino ni del Azar, sino de esa necesidad que no es fatalidad y de esa libertad que no es azar»[83].

En un análisis no superficial, toda la reflexión de Gramsci, también en su fase carcelaria, resulta animada

---

[81] Cfr. J. Wainwright, «*Was Gramsci a Marxist?*», en *Rethinking Marxism*, n. 22 (2010), pp. 617-626.
[82] B. Croce, *Filosofia della pratica. Economica ed etica* (1908), Laterza, Bari 1945, p. 390.
[83] B. Croce, *La filosofia di Giambattista Croce*, cit., p. 111.

por una «secreta nostalgia idealista»[84] (no exenta de vetas sorelianas[85]), que se traduce, además de en las frecuentes referencias al código sujeto-objetivo subjetivamente declinado[86], en la explícita tematización del idealismo como filosofía destinada a concretizarse en la «ciudad futura», sustraída a la contradicción del bloque histórico capitalista. La presencia de Croce se revela, una vez más, persistente, a pesar de los intentos siempre repetidos de Gramsci por ocultarla.

Como Gramsci parece sugerir a intervalos, el marxismo está destinado a resolverse en el idealismo una vez que del reino de la necesidad se haya transitado al de la libertad[87]:

«Se puede incluso llegar a afirmar que, mientras que todo el sistema de filosofía de la praxis puede llegar a ser

---

[84] C. Riechers, *Antonio Gramsci. Marxismus in Italien*, 1970; tr. it. *Antonio Gramsci. Il marxismo in Italia*, Thélème, Nápoles 1975, p. 129.

[85] Cfr. R. Pozzi, «*Alle origini del problema gramsciano della "riforma intellettuale e morale": Sorel, Renan e le suggestioni della cultura francese*», en F. Sbarberi (ed.), *Teoria politica e società industriale: ripensare Gramsci*, Bollati Bornghieri, Turín 1988, pp. 92-101.

[86] En coherencia con la prerrogativa del marxismo occidental el hegelianismo marxista de Gramsci continuaría siendo «un humanismo entendído como énfasis casi idealista sobre la subjetividad»: J. V. Femia, «*Western Marxism*», en D. Glasser y D. M. Walker (eds.), *Twentieth-century Marxism: a Global Introduction*, Routledge Londres2007, p. 100.

[87] «Para Gramsci, el marxismo es solo una especificación de una vasta concepción del mundo de carácter idealista»: C. Riechers, *Antonio Gramsci. Il marxismo in Italia*, cit., p. 59. Y también: «en el futuro el marxismo se resolverá nuevamente en el idealismo" (ivi, p. 129).

caduco en un mundo unificado, muchas concepciones idealistas, o al menos algunos aspectos de ellas, que son utópicas durante el reino de la necesidad, podrían convertirse en "verdad" tras el pasaje, etc.». [Q 1490].

A la luz de la concepción del «bloque histórico» como solución marxista de la visión subjetiva de la realidad, filosofar se corresponde entonces, para Gramsci, con la comprensión del propio horizonte histórico en el pensamiento y, al mismo tiempo, en la actividad en curso con la que se opera en él: el marxismo específico de Gramsci se plantea un programa teórico que calca visiblemente el crociano y que remite a este.

Es verdad que, para Gramsci, Croce ha planteado puntualmente el problema sin lograr, sin embargo, resolverlo: en esto radica su grandeza y, al mismo tiempo, su debilidad. Croce ha enunciado correctamente la necesidad de resolver el filosofar en la historia concreta en curso, pero después no se ha revelado capaz de desarrollar de manera auténticamente historicista, revelándose todavía prisionero del elemento especulativo y teológico.

En su sentido más amplio, la filosofía se presenta como elaboración superestructural de su propio mundo histórico, de la que es consciencia y crítica. Croce, por su lado, que también quisiera resolver historicísticamente la filosofía en el devenir histórico, queda prisionero, a su pesar, del elemento especulativo y teológico. Una vez más, se sitúa con respecto a la filosofía de la praxis tematizada en los *Quaderni*, en una posición análoga a la de Hegel con respecto a la concepción materialista de la historia de Marx.

La voluntad gramsciana de elaborar con el décimo de los *Quaderni*, un *Anticroce* que sea capaz de oponerse a la hegemonía cultural y política desarrollada en el bloque dominante por el pensamiento «goethiano» y olímpico [Q 1216] de Croce[88] se revela ante una lectura no superficial e ideológicamente condicionada como la prueba de la hegemonía que el propio Gramsci padece por obra de las categorías crocianas, de las que sigue dependiendo en gran medida.

Por lo demás, ha sido subrayado, entre otros, por Anderson que la noción de hegemonía se presenta en los *Quaderni* de forma ambigua e indefinida, como un «mosaico enigmático»[89]: en la elaboración de esta categoría desarrolla un papel en absoluto secundario la elabora-

---

[88] Cfr. F. Capucci, *Antonio Gramsci e la filosofia di B. Croce*, Japadre, L'Aquila 1978.

[89] P. Anderson, *The Antinomies of Antonio Gramsci*, 1976; tr. it. *Ambiguità di Gramsci*, Laterza, Roma-Bari 1978, pp.39-40.

ción crociana, con la valorización de la «historia ético-política» y del hecho cultural[90].

Si el marxismo figura para Gramsci como ideología de las clases dominadas que están interesadas en revelar la contradicción y la verdadera esencia de la sociedad clasista, de ello se deriva que está intrínsecamente ligado a la codificación de la historicidad como lugar del conflicto, de las tensiones y de los enfrentamientos insolucionables: de aquí la necesidad de reaccionar contra las visiones pacificadas y, en particular, contra la hegemonía crociana, momento ideológico por excelencia del bloque histórico capitalista en Italia[91].

Así se explica aquella «guerrilla permanente contra Croce"[92], como también se ha definido, que cruza diagonalmente los *Quaderni*, encontrando en el décimo, el *Anticroce*, su formulación más radical.

En el plano filosófico-político, la reflexión de Croce se deja enmarcar como un poderoso intento de encauzar la

---

[90] Cfr. E. Jacobitti, «*Hegemony Before Gramsci. The Case of Benedetto Croce*», en *Journal of Modern History*, n. 52 (1980), pp. 66-84.
[91] Cfr. F. Fergnani, *Antonio Gramsci: la filosofia della prassi nei «Quaderni del carcere»*, A. Vigorelli e M. Zanantoni (eds.), Unicopli, Milán 2011, p. 17 ss.
[92] C. Glucksmann, *Gramsci et l'état. Pour une théorie matérialiste de la philosophie*, 1975; tr. it. *Gramsci e lo Stato. Per una teoria materialistica della filosofia*, Editori Riuniti, Roma 1976, p. 402.

incidencia cada vez mayor del marxismo, evitando que se instituya como nueva hegemonía (que incluso el propio Croce inconfesablemente sufre), y, al mismo tiempo, anestesiar el idealismo hegeliano, neutralizando su valencia revolucionaria, su concreción histórica y la centralidad del elemento dinámico-conflictual[93].

Gracias a Croce, Hegel se convierte en un pensador orgánico del bloque capitalista y deja de ser un elemento de su posible derrocamiento. En este sentido, la hegemonía desarrollada por Croce es indisolublemente filosófica y política.

El historicismo idealista de Croce permanece aún «en la fase teológico-especulativa» [Q 1226], por mucho que se esfuerce por reanudar entre sí vida y filosofía y por historicizar el pensamiento: privada de la dimensión conflictual y de la concreción sociopolítica real, la historia que esboza Croce presenta «"figuras" deshuesadas, sin esqueleto» [Q 1238]. El suyo es un hegelianismo deshistoricizado o, si se prefiere, un historicismo inacabado, con respecto al cual la filosofía de la *praxis* se plantea como superación y como realización.

---

93 Cfr. E. G. Caserta, *Croce and Marxism. From the Years of Revisionism to the Last Postwar Period*, Morano, Nápoles 1987.

Al igual que Marx ha traducido a Hegel en clave historicista, Croce ha traducido a Marx en clave especulativa, que en su sistema ha desarrollado la función de «cuerpo catalítico» [Q 1232]: con la consecuencia de que ahora es necesario desde Croce regresar a Marx, actuando con el primero tal y como el segundo ha actuado con Hegel, es decir, darle la vuelta para que pueda caminar sobre los pies.

De manera nada oblicua, es el propio Gramsci quien nos sugiere que los *Quaderni* aspiran a desarrollar con Croce la misma operación que Marx realizó con Hegel: se trata de ponerlo patas arriba, de hacer que se apoye sobre sus pies, de historicizarlo en sentido completo y, por tanto, de realizar sus premisas de manera coherente. Es necesario «superar» dialécticamente a Croce, por tanto, preservarlo e ir más allá de él: con las inequívocas palabras de Gramsci, «se trata, por lo tanto, de coger la "realidad" de Croce y ponerle en pie» [Q 978].

Si, en otros términos, «Croce ha retraducido en lenguaje especulativo las adquisiciones progresivas de la filosofía de la praxis» [Q 1233], hasta tal punto que lo que es positivo en su elaboración no es sino «la filosofía de la praxis presentada en el lenguaje especulativo» [Q 1268], se deriva que ahora «es necesario rehacer para la concepción filosófica de Croce la misma reducción que los primeros teóricos de la filosofía de la praxis hicieron con la concepción hegeliana» [Q 1233], liberándola del elemento teológico-especulativo y encontrando de nuevo el núcleo racional encerrado en la cáscara mística[94]. Croce ha vuelto de Marx a Hegel, pero a un Hegel más abstracto y domesticado: se trata, por tanto, de superar a Croce para volver a Marx.

De nuevo está reiterada aquí por Gramsci su propia lectura de Croce como autor ineludible con el que es necesario medirse no solo en razón de la objetiva hegemonía que ejerce en el concreto bloque histórico capitalista, sino también a causa de la específica riqueza de significados de su propio filosofar historicista, que el autor de los *Quaderni* asume como punto de referencia análogo a Hegel para Marx.

A ojos de Gramsci, como es sabido, la filosofía crociana presenta grandes méritos y múltiples plexos teóricos que la filosofía de la *praxis* está llamada a metabolizar: la adhesión a la historicidad y a la vida, la lucha por la inmanencia, el abandono de toda trascendencia y toda metafísica son todos elementos del pensamiento crociano que Gramsci, desde la fase pre-carcelaria, asimila y reivindica. Las matrices crocianas del filosofar gramscia-

---

[94] Cfr. B. L. Kahn, «*Antonio Gramsci's Reformulation of Benedetto Croce's Speculative Idealism*» en *Idealistic Studies*, n. 1 (1985), pp. 18-40.

no son múltiples y persisten también en la fase de la elaboración teórica carcelaria.

Además, Gramsci está convencido de que en ellos es legítimo reconocer la influencia del materialismo histórico en la génesis del filosofar crociano: con las palabras de los *Quaderni*, «lo que es "sano" y progresivo en el pensamiento de Croce no es otra cosa que la filosofía de la praxis presentada en el lenguaje especulativo» [Q 1268]. Así, de nuevo, en abril de 1932: «Croce ha retraducido en lenguaje especulativo las adquisiciones progresivas de la filosofía de la praxis y en esta retraducción está lo mejor de su pensamiento» [Q 1271]. De aquí, precisamente, la necesidad de superar a Croce para regresar a Marx, pero sin rechazar completamente *in toto* las adquisiciones del filosofar crociano, como se ha señalado.

Como ha sido sugerido por Giuseppe Vacca[95], las secciones del *Anticroce* deben ser leídas conjuntamente con cuatro cartas sobre temas análogos, redactadas por Gramsci el 18 y 25 de abril de 1932, y luego el 2 y 9 de mayo de aquel mismo año. Correspondiendo con los temas de la obra carcelaria (Q, 8, *Appunti di Filosofia* III, §§ 225, 227, 233 y 237), las cartas –especialmente la del 2 de mayo– están dedicadas a la revisión crociana de

---

[95] Cfr. G. Vacca, *Vita e pensieri di Antonio Gramsci (1926-1937)*, Einaudi, Turín 2012, pp. 217-239.

Marx, a su reducción de la concepción materialista de la historia a canon metodológico para la investigación histórica y, en segundo lugar, a la negación de su consistencia filosófica.

De esto es legítimo inferir la incidencia de la lectura crociana de Marx para la elaboración de la filosofía de la *praxis*. El fantasma de Croce, también en prisión, nunca deja de vagar por las páginas gramscianas.

El «hegelianismo degenerado y mutilado» [Q 1220] de Croce se plantea, de esta manera, como la antítesis del hegelianismo reformado por Gramsci mediante la filosofía de la *praxis* como teoría del conflicto y la contradicción histórica[96]. Es necesario realizar a Croce liberandolo de sus mistificaciones especulativas, precisamente como Marx había realizado a Hegel historicizándolo y liberándolo del planteamiento metafísico en el que su sistema estaba aun ambiguamente suspendido.

Verdad es que la lectura crociana de Hegel le parece a Gramsci intrínsecamente política y adaptativa, funcional al mantenimiento del bloque histórico dominante. El «morfinismo político» [Q 1827] exhalado por el idealismo crociano aflora sobre todo en su desvitalización de la

---

[96] Cfr. G. Francioni, «*Gramsci tra Croce e Bucharin*», en *Critica Marxista*, n. 6 (1987), pp. 29-40.

historia, reducida a un pacífico teatro de la siempre renovada reabsorción de la antítesis en la tesis: en la «dialéctica de los distintos» crociana, la síntesis se corresponde con el eterno retorno de la tesis misma, triunfante sobre la antítesis. Así en los *Quaderni* en referencia a Croce y a su dialéctica «revolución-restauración» [Q 1220]:

«En el proceso dialéctico se presupone "mecánicamente" que la tesis debe ser "conservada" por la antítesis para no destruir el proceso mismo, que, por lo tanto, resulta "previsto" como una repetición infinita, mecánica y arbitrariamente prefijada» [Q 1220-1221].

La valencia conservadora de Croce y de su «hegelianismo domesticado» [Q 1083] emerge de manera inflexible de su forma de escribir la historia: así, la *Storia d'Europa* da comienzo a partir de 1815 y la *Storia d'Italia* a partir de 1871. La primera elimina la Revolución Francesa y parte del triunfo de la tesis que se ha impuesto a la antítesis.

La segunda, por su parte, comienza con el proceso de unificación italiana en el período de su consolidación: también en este caso se ha desvanecido el elemento de conflicto y «el período elegido está manco, es el período de las revoluciones pasivas» [Q 1091].

Croce, en consecuencia, «prescinde del momento de la lucha» [Q 1227] y solo da voz al desarrollo pacífico, ya que «asume plácidamente como historia el momento de la expansión cultural o ético-político» [Q 1227]: es, por esto mismo, el teórico de la «revolución pasiva» típica de la historia italiana, con la que lo existente prevalece sobre el esfuerzo socio-político realizado para trascenderlo[97].

De esto se deduce una de las constantes del pensamiento político de Croce, el «pánico ante los movimientos jacobinos, ante toda intervención activa de las grandes masas populares como factor de progreso histórico» [Q 1220]. Hegelianismo domesticado, precisamente.

De aquí, una vez más, la importancia que, en opinión de Gramsci, presenta la reocupación del sistema hegeliano, su reforma en el sentido de la filosofía de la *praxis*, la base para la asunción de la historicidad como arena del conflicto, de la liberación y de la autoconciencia: en los *Quaderni*, la lucha contra Croce por la conquista de la hegemonía se plantea, por tanto, también como una batalla por el correcto posicionamiento de Hegel en el campo conflictual[98].

---

[97] Cfr. J. A. Davis (ed.), *Gramsci and Italy's Passive Revolution*, Barnes & Noble Books, Londres 1979.
[98] Cfr. G. Mastroianni, *Da Croce a Gramsci*, Argalia, Urbino 1972.

La lectura de Hegel propuesta por Gramsci aspira, por consiguiente, a ser una inversión directa de la delineada por Croce, de la que, sin embargo, continúa dependiendo fuertemente en lo que respecta a la perspectiva historicista, la valorización del hecho cultural y de la historia ético-política, a la que la filosofía de la praxis no se reduce y que tampoco excluye.

El presentado por Croce no es el Hegel de la concreción histórica y del conflicto, correspondiendo, por el contrario, a un perfil pacificado y conservador, olvidado de la contradicción y el poder de lo negativo como motor de la historia: es el Hegel domesticado y recortado a medida del bloque dominante en el marco capitalista.

Si Croce neutraliza la instancia revolucionaria a la que la dialéctica hegeliana está intrínsecamente conectada por el simple hecho de negar la naturaleza estática de los existentes, concibiéndolos como insertos en el flujo heraclíteo de la transformación y del devenir, Gramsci la valoriza a nivel máximo y además la sitúa como base de su propia visión de la historicidad.

Y si, como se ha dicho, la hegemonía de Croce se presenta, a un tiempo, filosófica y política, la contra-hegemonía propuesta por Gramsci mediante la reapropiación de Hegel se plantea ella misma como filosófico-política[99]: por un lado, tiende, a través de la recuperación de la dimensión *ab intrinseco* revolucionaria de la dialéctica de Hegel como teoría de la historicidad y de la contradicción, a desarrollar la filosofía de la *praxis* como nueva hegemonía, también en forma de sentido común[100]; y, por otro, en antítesis con el morfinismo político de la revolución pasiva de la que Croce es abanderado, se plantea la exigencia, a partir del fundamento del hegelianismo reformado, de luchar por una «revolución activa» que en el ámbito italiano sea capaz de favorecer la unión de las masas obreras y campesinas sobre la base de la ideología y la lucha política por la hegemonía.

Por esta razón, siguiendo las huellas de un Hegel releído por mediación de Marx, la filosofía de la *praxis* no reconoce, a la manera de Croce, la unidad en la distinción[101]: al contrario, concibe la constitución de la unidad a partir de la contradicción y de la escisión, partien-

---

[99] Cfr. M. Manabendra, «*Antonio Gramsci: Hegemony and Related Issues*», en *Desh-Hitaishi*, *Special Autumn Issue* (2012), pp. 127-144.
[100] Cfr. J.-P. Reed, «*Theorist of Subaltern Subjectivity: Antonio Gramsci, Popular Beliefs, Political Passion, and Reciprocal Learning*» en *Critical Sociology*, n. 4 (2013), pp. 561-591.
[101] Cfr. F. Frosini, *Gramsci e la filosofia: saggio sui «Quaderni del carcere»*, Carocci, Roma 2003, p. 134.

do así de la fragmentación y, sobre el terreno sociopolítico, del conflicto[102].

La unidad se establece y no se presupone: no es dada, sino que debe ser constituida mediante la lucha política a partir de la fragmentación capitalista entendida como momento de la inmensa potencia de lo negativo.

Por ello, la síntesis no puede ser concebida, a la manera de Croce, como una reabsorción mecánica y siempre reiterada de la antítesis en la tesis. Por el contrario, la síntesis debe constituirse mediante la *praxis*, mediante la acción de una subjetividad consciente y políticamente organizada, que actúe en vista de esa síntesis que, «dialéctica de la conservación y la innovación» [Q 1325] mediante la cual se «preserva el pasado superándolo» [Q 1325], coincide con la «sociedad regulada» libre de divisiones clasistas.

La identidad hegeliana de *wirklich* y *vernünftig* no debe ser considerada como ya resuelta en la realidad presente, a la manera de Croce, sino como objetivo para el futuro y, por tanto, como directriz para una política no dispuesta a aceptar lo existente como cumplimiento de la historia.

---

[102] M. A. Finocchiaro, «*Gramsci's Crocian Marxism*» en *Telos*, XLI (1979), pp. 15-32.

Tanto la tesis como la antítesis deben ser superadas-conservadas en el momento sintético a través de una superación práctica por obra de la «revolución activa» de las masas campesinas y obreras y bajo la hegemonía cultural de la filosofía de la *praxis* convertida en ideología política[103]:

«En la historia real la antítesis tiende a destruir la tesis, la síntesis será una superación, pero sin que se pueda establecer a priori aquello que de la tesis se "conservará" en la síntesis, sin que se pueda a priori "medir" los golpes como en un "*ring*" convencionalmente regulado» [Q 1083].

La síntesis se produce, así, en el conflicto, a partir de la escisión históricamente concreta y políticamente *aufgehoben*, «superada»; tampoco el resultado se puede predecir o deducir *more geometrico* a partir de presuntas leyes necesitantes del acaecer histórico[104].

La historia queda para Gramsci como el espacio abierto de las posibilidades y los conflictos, el no deducible resultante de la actividad del hombre y de su esfuerzo por afirmar lo humano en formas que, según el ya recor-

---

[103] Véase G. Prestipino, voz «*Dialettica*», en F. Frosini y G. Liguori (eds.), *Le parole di Gramsci: per un lessico dei «Quaderni del carcere»*, Carocci, Roma 2004, p. 66.

[104] Cfr. E. Morera, *Gramsci's Historicism. A Realist Interpretation*, cit. pp. 112-118.

dado ritmo de «liberación y de autoconciencia» [Q 1821], se adecuan cada vez más a su concepto.

BIBLIOGRAFÍA

Adorno, T. W. (1951): *Minima Moralia. Reflexionen aus dem beschädigten Leben*, 1951; tr. it. de R. Solmi, *Minima moralia. Meditazioni della vita offesa*, Einaudi, Turín 1979.

Augé, M. (1992): *Non-lieux: introduction à une anthropologie de la surmodernité*, 1992; tr. it. de D. Rolland, *Nonluoghi: introduzione a una antropologia della surmodernità*, Eleuthera, Milán 1993.

Balibar, E. (1993): *La philosophie de Marx*, 1993; de A. Catone, *La filosofia di Marx*, Manifestolibri, Roma 1994.

Bauman, Z. (2008): *Does Ethics Have a Chance in a World of Consumers?*, 2008; tr. it. de F. Galimberti, *L'etica in un mondo di consumatori*, Laterza, Roma-Bari 2010.

Beck, U. (1986): *Risikogesellschaft. Auf dem Weg in eine andere Modern*, 1986; tr. it. de W. Privitera, *La società del rischio. Verso una seconda modernità*, Carocci, Roma 2000.

Benasayag, M. - Schmit, G. (2003): *Les passions tristes. Souffrance psychique et crise sociale*, 2003; tr. it. de E. Missana, *L'epoca delle passioni tristi*, Feltrinelli, Milán 2004.

Engels, F. – Marx, K. (1846): *Die deutsche Ideologie*, 1845-1846 (1932); tr. it. de D. Fusaro, *Ideologia tedesca*, Bompiani, Milán 2010, con presentación de A. Tagliapietra.

Fichte, J. G. (1793): *Beitrag zur Berichtigung der Urtheile des Publikums über die französische Revolution*, 1793-1794; tr. it. de V. E. Alfieri, «*Contributo per rettificare i giudizi del pubblico sulla Rivoluzione francese*», en Id., *Sulla Rivoluzione francese. Sulla libertà di pensiero*, Laterza, Roma-Bari 1966.

Fichte, J. G. (1794): *Einige Vorlesungen über die Bestimmung des Gelehrten*, 1794; tr. it. de N. Merker, *La missione del dotto*, Fabbri, Milán 2001.

Fichte, J. G. (1797a): *Grundlage des Naturrechts nach Principien der Wissenschaftslehre*, 1796; tr. it. de L. Fonnesu, *Fondamento del diritto naturale secondo i princìpi della dottrina della scienza*, Laterza, Roma-Bari 1994.

Fichte, J. G. (1797b): *Erste Einleitung in die Wissenschaftslehre*, 1797; de C. Cesa, «*Prima introduzione alla Dottrina della scienza*», in Id., *Prima e Seconda Introduzione alla dottrina della scienza*, Laterza, Roma-Bari 1999.

Franchini, S. – Perticari, P. (ed.), (2011): *Il capitalismo divino. Colloquio su denaro, consumo, arte e distruzione*, Mimesis, Milán 2011.

Fukuyama, F. (1992): *The End of History and the Last Man*, 1992; tr. it. de D. Ceni, *La fine della storia e l'ultimo uomo*, Rizzoli, Milán 1992.

Fusaro, D. (2012): *Minima mercatalia. Filosofia e capitalismo*, con ensayo introductorio di A. Tagliapietra, Bompiani, Milán 2012.

Gramsci, A. (1975): *Quaderni del carcere*, edizione critica dell'Istituto Gramsci, de V. Gerratana, Einaudi, Turín1975, 4 vol. con paginación continua.

Hegel, G. W. F. (1807): *Phänomenologie des Geistes*, 1807; tr. it. de V. Cicero, *Fenomenologia dello Spirito*, Bompiani, Milán 2000.

Marquard, O. (1973): *Schwierigkeiten mit der Geschichtsphilosophie, Suhrkamp, Frankfurt a. M. 1973.*

Marx, K. (1841): Differenz der demokritischen und epikureischen Naturphilosophie, 1841; tr. it. de D. Fusaro, *Differenza tra le filosofie della natura di Democrito e di Epicuro*, Bompiani, Milán 2004.

Marx, K. (1845): Thesen über Feuerbach, 1845, I, in *MEW*, III, Dietz Verlag, Berlín 1969.

Marx, K. (1846): Die deutsche Ideologie, 1845-1846 (1932); tr. it. de D. Fusaro, *Ideologia tedesca*, Bompiani, Milán 2011, con presentación di A. Tagliapietra.

Marx, K. (1867): *Das Kapital. Kritik der politischen Ökonomie*, Band I, 1867; tr. it. de D. Cantimori, *Il capitale. Critica dell'economia politica*, Libro I, Editori Riuniti 1964.

Marx, K. (1893): *Das Kapital. Kritik der politischen Ökonomie*, Band III, 1893; tr. it. de M. L. Boggeri, *Il capitale. Critica dell'economia politica*, Libro III, Editori Riuniti 1965.

Musil, R. (1942): *Der Mann ohne Eigenschaften*, 1930-1942; tr. it. de A. Rho, *L'uomo senza qualità*, Einaudi, Turín 1972, 2 vol., I.

Rifkin, J. (1995): *The End of Work: The Decline of the Global Labor Force and the Dawn of the Post-Market Era*; tr. it. de P. Canton, *La fine del lavoro: il declino della forza lavoro globale e l'avvento dell'era post-mercato*, Baldini e Castoldi, Roma 2001[7].

Schmidt, A. (1969): *Der Begriff der Natur in der Lehre von Marx*, 1962; tr. it. de G. Bedeschi, *Il concetto di natura in Marx*, Laterza, Roma-Bari 1969.

Sloterdijk, P. (1983): *Kritik der zynischen Vernunft*, 2 Bände, 1983; tr. it. de M. Perniola, *Critica della ragion cinica*, Garzanti, Milán 1992.

Sloterdijk, P. (2005): *Im Weltinnenraum des Kapitals. Zu einer philosophischen Geschichte der terrestrischen Globalisierung*, 2005; tr. it. de S. Rodeschini, *Il mondo dentro il capitale*, Meltemi, Roma 2006.

Sloterdijk, P. (2009): *Du mußt dein Leben ändern. Über Anthropotechnik*, 2009; tr. it. de P. Perticari, *Devi cambiare la tua vita*, Cortina, Milán 2010.

Wheen, F. (2000): *Karl Marx. A Life*, 2000; tr. it. de A. M. Sioli, *Karl Marx. Vita pubblica e privata*, Mondadori, Milán 2000.

Zingari, G. (2000): *Speculum possibilitatis. La filosofia e l'idea di possibile*, Jaca Book, Milán2000.

Žižek, S. (2001): *Did Somebody Say Totalitarianism? Five Interventions in the (Mis)use of a Notion*, Verso, Londres 2001.

Žižek, S. (2009): *First As Tragedy, then As Farce*, 2009; tr. it. de C. Arruzza, *Dalla tragedia alla farsa: ideologia della crisi e superamento del capitalismo*, Ponte alle Grazie, Milán 2010.